falter 4

Julian Sleigh

Lebenskrisen

Zwölf Schritte zu ihrer Bewältigung

Verlag Freies Geistesleben

Die Originalausgabe erschien unter dem Titel *Crisis points. Working through personal problems* bei Floris Books, 15 Harrison Gardens, Edinburgh EH11 1SH, Scotland.

Aus dem Englischen übersetzt von Susanne Lenz.

Neuausgabe

3. Auflage 2006

Verlag Freies Geistesleben

Landhausstr. 82, 70190 Stuttgart

Internet: www.geisteslben.com

ISBN 10: 3-7725-1054-X

ISBN 13: 9-783-7725-1054-0

Umschlagmotiv: Caro, Bildagentur

Konzeption: Jean-Claude Lin / Gestaltung: Bianca Bonfert

Druck: Freiburger Graphische Betriebe

Inhalt

0.

Die Ausgangssituation

Eine Krise ist ein Wendepunkt.

Du hältst dieses Büchlein in der Hand. Vielleicht möchtest du es lesen, um einem Freund oder einer Freundin bei der Bewältigung eines Problems behilflich zu sein. Vielleicht stehst du aber auch selbst vor einem Problem, das dir keine Ruhe lässt, oder musst dich mit einer Krise in deinem Leben auseinander setzen.

Um dir den nachfolgend beschriebenen Weg dazu besser nahe bringen zu können, nehme ich einmal an, dass es der zweite Grund ist, der dich hierher geführt hat. Du suchst vielleicht nach einer Möglichkeit, die schwierige Situation, in der du dich selbst befindest, zu überstehen und dich von ihr zu befreien.

In diesem Bestreben will ich dich unterstützen, und darum möchte ich dir eine Lösungsmethode vermitteln, die sich bereits in vielen Beratungsgesprächen bewährt hat. Jeder einzelne Schritt darin ist unverzichtbar, weil er Teil eines Gesamtprozesses ist; daher darf auch die Reihenfolge der Schritte nicht geändert werden, denn jeder neue baut auf den vorangegangenen auf.

Ich gebe dir diesen Leitfaden an die Hand, damit du ihn für dich selbst ausprobierst. Ich habe ihn immer wieder nützlich gefunden und hoffe, dass er sich auch für dich als hilfreich erweisen wird. Aber ich will nicht in der dritten Person sprechen, sondern möchte versuchten, mit dir zu reden, als säßen wir uns in aller Ruhe und Unbefangenheit gegenüber, verspürten weder Eile noch Druck von außen und schenkten uns gegenseitig Vertrauen. Ich beginne damit, besagte Lösungsmethode gemeinsam mit dir durchzuarbeiten, indem ich eine beliebige, reale oder imaginäre, langwierige oder plötzlich entstandene Krisen- beziehungsweise Problemsituation herausgreife und zum Anlass für unser Gespräch nehme.

Möglicherweise hast du dich unfähig gefühlt, das Problem, das dich belastet, anzugehen. Du meinst, nicht in der Lage zu sein, den Kern deiner Situation zu erfassen, spürst aber sehr wohl die Herausforderung, die von ihr ausgeht, und bist bereit, dich ihr zu stellen, um neue Kraft und Klarheit daraus zu beziehen.

Vielleicht befindest du dich in einem Zustand des akuten Schmerzes oder der Trauer, verursacht etwa durch einen schweren Verlust, wie ihn der Tod eines nahe stehenden Menschen darstellt, oder dadurch, dass du vielleicht gerade einen Freund oder eine Freundin verlierst, der beziehungsweise die dich plötzlich ablehnt oder gar verlässt, um eine neue Beziehung einzugehen. Es mag auch sein, dass du einen Fehler begangen hast – entweder einen offensichtlichen, der von anderen entdeckt worden ist, die nun mit dem Finger auf dich zeigen, oder aber einen unentdeckten, persönlichen und inneren, der dich mit Unbehagen über dich selbst erfüllt oder dir Angst macht, dass du von den Folgen niedergeschmettert werden könntest, wenn die Wahrheit ans Licht kommt. Oder vielleicht bist du von einem Kollegen, der dich aus dem Weg haben will, angegriffen und gekränkt worden; er selbst mag mit einem Problem zu kämpfen haben, das er auf dich projiziert. Vielleicht hast du aber auch versucht, etwas zu erreichen, das für dich von größter Wichtigkeit ist, und es ist dir missglückt, und du stehst nun vor dem Scherbenhaufen des Bildes, das du von dir selbst entworfen hast. Oder vielleicht hast du in der Annahme gelebt, dass mit deiner Arbeit oder deinen Kontakten alles in Ordnung sei, und musst nun erkennen, dass du bloß nicht begriffen hast, dass vor deiner eigenen Nase etwas schief gelaufen ist. Eine solche Erkenntnis vermag, das Vertrauen in sich selbst oder in einen treuen Freund schwer zu erschüttern; von anderen getäuscht zu werden oder einer Selbsttäuschung zum Opfer zu fallen, das zieht ein schreckliches Erwachen nach sich, wenn die Täuschung als solche offenkundig wird. Eine weitere Möglichkeit ist, dass einem Freund, einer Freundin oder einem Mitglied deiner Familie etwas zugestoßen ist, das dich in Aufregung und Verwirrung stürzt und deine Gefühle zwischen Mitleid und Wut schwanken lässt. Oder vielleicht empfindest du tiefe Kränkung und sagst dir immer wieder: «Ich bin ein Dummkopf, dass ich nicht früher darauf gekommen bin!» Es gibt so viele Möglichkeiten, dass ich sie gar nicht alle aufzählen kann, denn das menschliche Leben ist von einem nie stillstehenden Strom konfliktgeladener Geschehnisse durchzogen. Sie stellen sich uns in den Weg und zwingen uns, unsere Richtung zu ändern, oder bringen uns gar zu Fall, sodass scheinbar kaum noch Hoffnung bleibt, jemals wieder obenauf zu sein.

Es gibt eine Geschichte über furchterregend und hässlich aussehende Dämonen, die uns umschwirren und in Angst und Schrecken versetzen. Unter ihren Flügeln halten sie jedoch reiche Gaben versteckt, und wenn wir uns nicht von ihnen einschüchtern lassen und sie dazu bringen, ihre Geschenke herzugeben, so machen sie sich zufrieden davon, und dann ist es an uns, einen Nutzen aus dem zu ziehen, was sie uns hinterlassen haben. Diese Geschichte mag uns als Fingerzeig dienen, wenn wir auf der Suche nach einer Möglichkeit sind, das Gute selbst in den Dingen zu sehen, die uns schrecklich erscheinen.

Worin dein Problem auch bestehen mag und ganz gleich, ob du es selbst verursacht hast oder sein Opfer bist, ob es plötzlich wie eine Krise über dich gekommen ist oder lange Zeit schon im Verborgenen schwelte, dir stehen in jedem Fall nur drei Handlungsmöglichkeiten zur Wahl.

Erstens: Das Problem ignorieren in der Hoffnung, dass es sich von selbst löst.

Du machst dir vor, dass es eine Möglichkeit gibt, die Herausforderung, die dein Problem dir stellt, zu umgehen, und du hängst dem hoffnungsvollen Gedanken nach, dass du dich nicht damit auseinander zu setzen brauchst. Darf ich dich nach deiner Erfahrung mit Problemen in der Vergangenheit fragen? Einige mögen sich wohl von allein gelöst haben, und du bist im Nachhinein froh, dass du sie seinerzeit nicht noch vergrößert hast, indem du ihnen mehr Bedeutung zugemessen hast, als sie tatsächlich verdienten. Aber hast du wirklich schon einmal erlebt, dass ein Problem einfach verschwunden ist, ohne Spuren zu hinterlassen? Meistens kehrt nämlich das, was unbewältigt geblieben ist, mit der Zeit zurück und verlangt dann umso dringlicher nach Aufmerksamkeit. Ein solcher Dämon hält sein Geschenk fest unter seine Flügel geklemmt und wartet auf eine neue Gelegenheit, dich dazu zu bewegen, es ihm abzunehmen. Das zeigt dir aber, dass in Wahrheit gar nichts Dämonisches an ihm ist – außer seiner Tarnung. **Vergewissere dich daher, ob du nicht einfach etwas leugnest, das lieber beachtet und bezwungen werden will.**

Wenn sich ein Problem einmal von allein lösen sollte, so mag das daran liegen, dass du schon weißt, wie du mit ihm umzugehen hast, damit es rasch seine Gestalt ändert. Dass dir dies mit allen deinen Problemen gelingt, genau dabei möchte ich dir helfen, indem ich nachfolgend die einzelnen Schritte beschreibe, die dazu erforderlich sind, ein Problem entweder umzuwandeln oder aber zu veranlassen, dir seinen Segen zu enthüllen. Mit ein wenig Übung wird dieser Umwandlungsprozess gewiss nicht allzu viel Zeit in Anspruch nehmen.

Zweitens: Versuchen, mit dem Problem zu leben.

Die zweite Handlungsmöglichkeit folgt aus der Annahme, dass du die Situation, in der du dich befindest, nicht ändern kannst. Das bedeutet, dass du dein Problem Tag und Nacht mit dir herumträgst und niemals frei von seiner Last bist. In manchen Fällen mag es in der Tat keine Lösung geben; da müssen die Dinge so ertragen werden, wie sie sind. So kannst du zum

Beispiel nicht dem Verlust ausweichen, der mit dem Tod eines dir nahe stehenden Menschen verbunden ist. Aber auch dann ist es möglich, dass du dir folgende Fragen stellst: «Wie soll ich mit dieser Trauer umgehen? Soll sie mit dem Andenken an denjenigen, den ich verloren habe, wach bleiben, oder gibt es einen Weg, mit den Erinnerungen auch die Freude aus der Vergangenheit wieder lebendig werden zu lassen?» Oft ist freilich ein großes Maß an Ausdauer in der Erduldung eines Schmerzes vonnöten, aber auch der größte Schmerz vermag durch eine Haltung des verständnisvollen Akzeptierens gemindert zu werden. In einer völlig anders gearteten Problemsituation hingegen könntest du der Versuchung ausgesetzt sein, auf ungesunde Weise an der Vergangenheit festzuhalten, die deine gesamte Weltsicht trübt. Wenn du zum Beispiel meinst, in einer zwischenmenschlichen Beziehung versagt zu haben, so magst du zu der Auffassung gelangen, dass du nicht liebenswert seist. Diese Einstellung wird dich voreingenommen machen, und zwar sowohl dir selbst gegenüber als auch in Bezug auf die Liebe. Deine Erwartung hat nämlich die fatale Neigung, sich zu erfüllen und damit deine fixe Idee zu bestätigen. Dann würdest du völlig zu Unrecht in einen bedauerlichen Teufelskreis geraten! **Ändere deine Meinung, und es wird neues Licht eindringen.**

Von den beiden vorgenannten Alternativen ist mit großer Wahrscheinlichkeit weder die eine noch die andere dazu tauglich, eine Lösung deines Problems herbeizuführen. Aber aus ihrer Betrachtung geht die dritte Möglichkeit hervor.

Drittens: Das Gute eines Problems erkennen und einen Nutzen daraus ziehen.

Diese Möglichkeit kann eine ausweglos scheinende Situation verhindern. Ziel des vorliegenden Büchleins ist es, den dritten Weg zu erkunden und ein systematisches Verfahren zur Umwandlung aller wie auch immer gearteten Probleme zu entwickeln, damit sie nicht länger an dir zehren, sondern zu einer positiven Kraft werden können, die ein Wachstum deiner Persönlichkeit bewirkt. Die Methode, die ich dir anbieten möchte, zielt allerdings weder auf eine Sofortlösung noch verspricht sie dir augenblicklichen Trost – ganz im Gegenteil: Sie verlangt von dir, dass du dich selbst in Bezug auf dein Problem ernsthaft erforschst und erkennst. Denn es geht nicht darum, dein Problem bei der Wurzel zu packen und auszureißen, sondern vielmehr darum, es als willkommen zu betrachten und sich den Ort näher anzuschauen, an dem es Wurzeln geschlagen hat, insbesondere in der Welt deiner Gedanken und Gefühle, wo es sich dir als Hindernis auf deinem Weg entgegenstellt.

Niemand vermag ganz in deine Empfindungswelt einzudringen oder zu behaupten, das empfinden zu können, was du empfindest. Nur du allein weißt, was du durchzustehen hast, denn nur derjenige, der den Schuh trägt, weiß, wo er drückt. Diese Tatsache allein beweist schon, dass du einzigartig bist, und kein Mensch, kein Ereignis, keine Krise können dir diese Einzigartigkeit nehmen. **Wie bedroht oder am Ende du dich auch fühlen magst, du besitzt unermessliche Tiefe und unschätzbaren Wert, und du hast eine Mission zu erfüllen, die nur dir allein gehört.**

Der richtige Umgang mit deinem Problem wird vielleicht zur Folge haben, dass du in die Richtung gelenkt wirst, die für das, was du speziell zu tun hast, konsequent ist. Die dazu notwendige Erforschung und Veränderung deiner bestehenden Verhaltens- und Denkweisen kann jedoch nur mit Entschlossenheit und Beharrlichkeit bewerkstelligt werden. Aber eine solche Herausforderung trägt auch dazu bei, diese Eigenschaften zu entwickeln.

Bevor wir nun endgültig beginnen, gibt es noch einen Punkt zu besprechen. Es geht um das große Rätsel jeder Biografie: warum nämlich bestimmte Ereignisse zu bestimmten Zeiten stattfinden, wie sie geschehen und welche Folgen sie haben. Vieles lässt sich aus den Rhythmen und Phasen des Lebens im Allgemeinen ableiten; diese sind möglicherweise in der Lage, zu erhellen, warum eine Krise eintritt. Es würde jedoch den Rahmen des vorliegenden Buches sprengen, sie eingehend zu untersuchen, auch wenn das Phänomen an sich durchaus eine nähere Betrachtung wert ist. Was dir darüber hinaus bei deinem Weg behilflich sein kann, ist die Vorstellung, dass das, was im «Drehbuch» deines Lebens geschrieben stehen mag, von dir selbst mitgeschrieben worden ist, noch bevor dein Leben begann. Da wir den Inhalt des Drehbuchs nicht mehr wissen, werden wir von seinen Ereignissen überrollt. Was wir jedoch fest in Erinnerung behalten sollten, ist die Tatsache, dass unser Leben einen Sinn hat, auch wenn er uns manches Mal verwirrend erscheint, bevor wir am Ende in der Lage sind, das Leben als Ganzes zu überschauen. Alles, was in unserem Leben geschieht, hat daher auch einen Sinn.

Der Weg, der nun vor uns liegt, braucht nicht lange beschrieben zu werden, aber die Bewältigung aller zwölf Schritte im Einzelnen mag Zeit in Anspruch nehmen, weil jeder Schritt für sich ein gewisses Maß an Überlegung und Einschätzung verlangt. Wenn dich jemand auf deinem Weg begleitet, so werdet ihr sicherlich eine beträchtliche Zahl von Stunden brauchen, um ihn gemeinsam zu bewältigen. Wenn du allein gehst, so ist es ratsam, dass du an verschiedenen Punkten Halt machst und versuchst, deine Erfahrungen schriftlich zu formulieren. Das bringt Klarheit in deine Gedanken. Du brauchst das, was du geschrieben hast, nicht aufzuheben; es ist das Schreiben selbst, das hilft.

Die ganze Methode fußt auf ein paar elementaren Ideen. Sie sollten nicht als Dogmen verstanden werden, sondern als Gesichtspunkte, die die Orientierung erleichtern. Jeder Versuch, sich mit Themen zu befassen, die den Menschen betreffen, macht eine Auffassung vom Wesen des Menschen erforderlich, die über das bloß Sichtbare hinausreicht. Wir werden uns hier auf ein Menschenbild beziehen, das drei Komponenten aufweist: den Leib, den ewigen Geist und die Seele, die zwischen beiden webt. Denken, Fühlen und Wollen haben ihren Platz in der Seele; dort entstehen, wirken und beeinflussen sie sich gegenseitig. Diese Kräfte werden aber auch von der leiblichen und der geistigen Komponente beeinflusst und wirken ihrerseits wiederum auf Leib und Geist ein. Ein gesunder Leib unterstützt sowohl die Seele als auch den Geist, eine umwölkte Seele aber bringt ihr Kranksein im Leib zum Ausdruck, und ein individueller Geist, der geistige Nahrung erhält, vermag die Seele zu bereichern und den Leib zu beflügeln. Ein kranker Leib wirkt sich nachteilig auf die seelischen Kräfte aus, doch eine zu starken Schwingungen fähige Seele vermag selbst durch einen schwachen Leib hindurch zu leuchten und ihn zu stützen.

Das Seelenleben des Menschen ist ein unergründlich weites und tiefes Geheimnis. Ein gewisses Maß an Herrschaft über die Weiten und Tiefen der Seele befähigt jedoch in zunehmender Weise, zum «Autor» der eigenen Lebensgeschichte zu werden. Das verleiht «Autorität». Eine solche Herrschaft wächst mit jedem Problem, das gelöst wird, und mit jeder Krise, die überwunden wird. Daher vermag der hier beschriebene Lösungsweg auch ein Weg zur Persönlichkeitsentfaltung zu sein.

Die ganze Zeit sprechen wir schon von Problemen und Krisen, ohne uns über diese Begriffe verständigt zu haben. Probleme können entweder langwieriger Natur sein oder aber ganz plötzlich auftreten; sie können entweder völlig bewusst oder nur teilweise bewusst wahrgenommen werden. Oft sind sie verwirrend, weil ihr Sinn im Verborgenen liegt, aber sie fordern dich heraus, ihnen ihr Geheimnis zu entlocken. Krisen dagegen sind Ereignisse oder ungewöhnliche Vorkommnisse, die die Aufmerksamkeit sofort auf sich lenken. Beiden ist gemeinsam, dass sie auf einer schwierigen, vielschichtigen und verwickelten Situation fußen, die oft nur wenig freie Wahl lässt. Der Umgang sowohl mit Krisen als auch mit Problemen nimmt Erfahrung und Fantasie in Anspruch und verlangt neue Ideen und neue Erkenntnisse. Beide haben Ursachen, die in der Vergangenheit liegen, und sie brauchen in der Regel Lösungen, die einen Schritt ins Ungewisse bedeuten. Sie rühren an unsere Verletzlichkeit, aber wecken unsere Kreativität. Mit einem Satz: **Jedes Problem und jede Krise stellt eine Chance dar.**
Das griechische Wort *problema* bezieht sich sowohl auf etwas, das einem «vorgelegt» wird, als auch auf etwas, das «herausragt» wie zum Beispiel ein Felsvorsprung ins Meer. Es kann aber auch etwas bedeuten, das «vorgehalten» wird wie etwa ein Schutzschild. Die lateinische

Entsprechung lautet projectus. Also vermag ein Problem entweder unseren Weg zu versperren oder aber zum «Projekt» zu werden. Dieser Doppelsinn gibt zum Nachdenken Anlass. Wäre es nicht möglich, dem Begriff einen positiven Sinn beizumessen? Das griechische Wort krisis meint ursprünglich ein Scheiden, Trennen, etwas, das Unterscheidung, Beurteilung und Entscheidung verlangt. Dies schließt sowohl eine dringliche Situation als auch die Notwendigkeit des Wandels ein. Mit anderen Worten: **Eine Krise ist ein Wendepunkt.**

Da wir im Folgenden Probleme und Krisen gleichermaßen betrachten, werden wir beide Begriffe nebeneinander verwenden, so als seien sie nahezu austauschbar. Denn wir werden uns mehr mit der Bedeutung jener Hindernisse, die sich uns entgegenstellen, als mit deren Ursachen und Auswirkungen befassen. Wir wollen einen Weg finden, besser mit uns selbst umzugehen, damit wir in der Lage sind, uns mit allem auseinander zu setzen, was als Herausforderung auf uns zukommen mag. Das Rätsel einer solchen Herausforderung hat einen bestimmten Code, und wir wollen ihn entschlüsseln.

1. Schritt

Die Tatsachen erkennen

Ja, ich habe ein Problem.

Der allererste Schritt ist, zuzugeben, dass du ein Problem hast.

Wenn du dich in einer Krise befindest, so wird dir die Notwendigkeit, diesen Schritt zuerst zu tun, unmittelbar einleuchten. Doch auch wenn du ein Problem hast, das du bislang eher verdrängt hast und nun gerne lösen möchtest, gilt, dass du dir zunächst einmal das Problem als solches eingestehen musst. Dazu gibst du dir selbst oder einem Freund eine genaue Beschreibung, die das gesamte Ausmaß und jedes Detail deines Problems umfasst: wie es entstanden ist, welchen Einfluss es derzeit auf dein Leben ausübt und welche unterschiedlichen Schwierigkeiten es dir bereitet. Besonders hilfreich mag es sein, wenn du versuchst, eine klare Schilderung zu Papier zu bringen; die Niederschrift fasst nämlich nicht nur in Worte, was du denkst und fühlst, sie hilft dir auch, die Fakten zu ordnen. Vielleicht besteht die Möglichkeit, dass du deine Geschichte jemandem erzählst, der dir aufmerksam zuhört und dich so unterstützt, über den einmal gemachten Anfang hinaus zu gelangen. Dieser Freund muss aber wirklich ein guter Zuhörer sein, denn es ist nicht seine Aufgabe, dir einen Rat zu geben oder ein Urteil zu fällen, sondern all das in sich aufzunehmen, was du ihm im Laufe der Erzählung deiner Geschichte an Fakten, Ereignissen und Erläuterungen mitteilst. Dabei musst du das Gefühl haben, dass du ohne jede Verlegenheit genau das ausdrücken kannst, was du empfindest, und dein Zuhörer muss natürlich bereit sein, alles, was du ihm erzählst, vertraulich zu behandeln. Seine Ohren sollten sowohl mit seinem Herzen als auch mit seinem

Verstand zusammenarbeiten, damit die Klarheit seiner Gedanken, sein Scharfblick und seine Erkenntnis der objektiven und subjektiven Gegebenheiten von Einfühlungsvermögen durchdrungen und erwärmt sind und er das, was du ihm mitteilst, in seinem Innern offen und ohne Vorbehalt akzeptiert.

An dieser Stelle wollen wir einen Augenblick innehalten und den Unterschied zwischen der Fähigkeit sich einzufühlen (Empathie) und der Fähigkeit mitzufühlen (Sympathie) klären. Jemand, der Mitgefühl hat, lässt in sich die gleichen Empfindungen entstehen, wie sie derjenige, der von seinem Kummer erzählt, zum Ausdruck bringt. Mitgefühl vermag Mitleid zu erzeugen, ein Gefühl, das aber auch etwas von Herablassung an sich haben kann. Einfühlungsvermögen zu besitzen bedeutet dagegen nicht, genau dasselbe wie ein anderer zu empfinden. Ein Mensch, der sich einfühlt, lässt seine eigenen Gedanken und Gefühle außer Acht und konzentriert sich so stark wie möglich auf das, was ihm sein Gegenüber erzählt, um es sowohl mit dem Verstand zu begreifen als auch Verständnis dafür aufzubringen.

Zuhören ist mehr als nur ein bloßes In-sich-Aufnehmen. Jemand, der mit Einfühlungsvermögen zuhört und nicht von Mitgefühl geleitet ist, vermag ein kleines Wunder zu vollbringen: Sein Zuhören versetzt dich in die Lage, dich ganz auf dich selbst zu konzentrieren, und dies wiederum befähigt dich, deine Gedanken und Gefühle zu erforschen und zu entziffern. Es ist immer schwer, exakt zu unterscheiden und in Worte zu fassen, was im Innern gegenwärtig ist; doch ein guter Zuhörer ermutigt dich, es zu versuchen, und zwar ganz einfach durch die Tatsache, dass er zuhört. Zuhören ist eine Verhaltensweise, die als zutiefst menschlich bezeichnet werden kann, denn sie hilft demjenigen, der von sich erzählt, sein Inneres tiefer zu erkunden, sein «Mensch-Sein» zum Ausdruck zu bringen und mit Ängsten, Wut, Hass, Sehnsüchten und Wünschen in Kontakt zu treten, die sonst kaum in sein Bewusstsein dringen würden. Jemand, der fähig ist zuzuhören, kann dir also helfen, zu begreifen, worin das Problem eigentlich besteht, mit dem du dich an diesem Punkt deines Lebens auseinander zu setzen hast. Aber dein Weggefährte vermag dir nur zu helfen, dir dein Problem bewusst zu machen und es in Worte zu fassen; er kann dir nicht die Aufgabe abnehmen, dich all dem zu stellen, was es in dir aufrüttelt und zum Vorschein bringt.

Bei der Darstellung deines Problems musst du zwischen den Fakten als solchen und deinen gefühlsmäßigen Reaktionen darauf unterscheiden. Zwar sind auch deine Gefühle Tatsachen, weil sie Realität für dich haben, aber einige Aspekte deines Problems werden mit objektiven Gegebenheiten außerhalb deiner selbst in Zusammenhang stehen, während andere sich aus deinen Gefühlsreaktionen ergeben. Du musst dir beide Seiten deines Problems vergegenwärtigen, und zwar ohne den Versuch, herauszufinden, was schlecht, falsch, dumm oder unfair sein könnte. Nur die Tatsachen und die damit verbundenen Gefühle zählen, nicht das, was du darüber denkst oder wie jemand anders darüber urteilen würde. **Zu diesem Zeitpunkt brauchst du lediglich dein Problem zu beschreiben und es dir einzugestehen; du darfst es nicht bewerten. Deine Beschreibung muss allerdings ehrlich sein, sie darf weder Schönfärberei enthalten noch etwas verheimlichen.** Es ist zwar unbedingt notwendig, dass du dir dein Problem in allen Einzelheiten bewusst machst, aber es ist unnötig, dass du nach Lösungsmöglichkeiten suchst oder dir gar die Frage stellst, wie du das alles bewältigen sollst. Das wirst du wissen, wenn deine Beschreibung klar, ehrlich und vollständig ist. Ein Zeichen dafür wird sein, dass du beginnst, dich ein wenig befreit von deinem Problem zu fühlen, weil du es von einem objektiveren Standpunkt aus betrachten kannst. Deine Gefühle werden dich nicht mehr so stark in ihren Bann schlagen, weil sie zu Teilen des Gesamtbilds werden. Deine Perspektive verschiebt sich: Du erlebst dein Problem nicht mehr nur als Betroffener, du beobachtest es auch. Du bist auf dem Weg, die unmittelbare Krisensituation hinter dir zu lassen.

Bist du zu diesem Zeitpunkt in der Lage, zu unterscheiden, wie du deine Krise siehst und wie sie deiner Vorstellung nach von anderen gesehen wird? Du musst nämlich auch in Betracht ziehen, welche Personen an deinem Problem beteiligt sind und welche Motive sie haben könnten; aber gib wieder nur eine Beschreibung, urteile nicht. Wenn du anfängst, einzusehen, dass du selbst unlautere Motive hattest wie etwa Eifersucht oder Voreingenommenheit, oder wenn es irgendwelche Anhaltspunkte für derartige Motive in anderen geben sollte, dann bringe dies in deine Beschreibung ein. Alles, was irgendwie mit deinem Problem zusammenhängt, muss zugegeben werden, so unerfreulich, trivial oder unfair es auch scheinen mag.

Selbstverständlich ist es häufig nicht einfach, ein Problem klar einzugrenzen und losgelöst zu betrachten. Vielleicht musst du erst einmal deine Aufmerksamkeit einem einzigen Aspekt des Problemkomplexes zuwenden, der die derzeitige Krise ausgelöst hat. Es mag auch sein, dass das, was für dich gegenwärtig und dringlich ist, nur die Spitze eines Eisbergs oder das Symptom einer sehr viel tiefer gründenden problematischen Situation darstellt, die nach Heilung verlangt. Das braucht dich aber nicht zu beunruhigen, denn alles, was du im Augenblick zu tun hast, ist, dir dein Problem so einzugestehen, wie du es siehst oder empfindest. Wenn du damit fertig bist, es so klar wie möglich zu beschreiben, dann kannst du die folgenden Schritte in Angriff nehmen. Alle weiteren Verwicklungen oder tieferen Gründe deines Problems, die derzeit noch verborgen sind, werden mit späteren Stationen des Lösungswegs zum Vorschein kommen.

Nur du selbst kannst wissen, was um dich herum und in deinem Innern vorgeht, und darum bist du letztlich auf dich allein gestellt. Der verlorene Sohn vereinsamte mehr und mehr, nachdem er alles, was ihm von seinem Vater zuteil geworden war, verprasst hatte. Er hatte sein Hab und Gut, seine Freunde und seine Selbstachtung verloren, er war gedemütigt und litt Hunger. Obwohl er dem Verderben nahe war, kümmerte sich niemand um ihn. In seiner furchtbaren Not und Verzweiflung «schlug er in sich», und eine neue, positive Idee nahm in ihm Gestalt an: nach Hause zurückzukehren, um Verzeihung zu bitten und die Erlaubnis zu erhalten, als Tagelöhner bei seinem Vater arbeiten zu dürfen. Dieser Plan hätte nicht in ihm reifen können, wenn er nicht Demut und den Willen, sich zu ändern, angenommen hätte. Er musste erst zu sich selbst kommen. Da war er bereit zurückzukehren, und sein Vater lief ihm sogar entgegen, als er sich dem Haus näherte. Der Vater freute sich, weil er seinen Sohn ganz anders als früher sprechen hörte, und er erkannte ihn als einen Menschen, dessen Persönlichkeit zu wachsen begonnen hatte.

2. Schritt

Die Ursachen erforschen

Ich bin für die Existenz meines Problems verantwortlich.

Wenn du die Tatsachen deiner Situation und die Gefühle, mit denen du sie erlebst, voneinander getrennt und klar definiert hast und wenn du dich überdies zu allem bekennst, was dein Problem ausmacht, so hast du es schon ein Stück von dir weggerückt. Nun halte es fest, denn es gehört dir!

Andere Menschen mögen zu seiner Entstehung bei-getragen haben, und wieder andere mögen von ihm betroffen sein, doch sie alle haben ihr eigenes Problem, so wie du deines hast. Wir werden zu einem späteren Zeitpunkt auf sie zurückkommen; vorerst einmal solltest du dich ganz auf das konzentrieren, womit du allein dich auseinander zu setzen hast.

Du allein trägst die Verantwortung für das, was dir geschieht. Das mag schwer für dich einzusehen sein, doch wenn es dir gelingt, diese Verantwortung zu akzeptieren, so begibst du dich auf den Weg, dein Problem zu lösen und zu verwandeln. Das heißt aber nicht, dass du für den Tod eines dir nahe stehenden Menschen, um den du trauerst, verantwortlich bist, sondern vielmehr, dass du die Verantwortung für deine Trauer trägst. Sie hängt von der Art und Weise ab, wie du dich mit dem Verstorbenen verstanden hast. Als er noch lebte, brauchtest du über den Sinn der Beziehung zu ihm nicht nachzudenken; nun aber musst du ihr neue Bedeutung geben. Wenn du eine Auseinandersetzung mit jemandem hast, so gib nicht dem anderen die Schuld daran, auch wenn du noch so sehr davon überzeugt sein magst, dass es sein Verschulden ist. Das Problem, das entstanden ist, ist ausschließlich dein Problem. Wenn du dir all das vor Augen führst, was die Krise zwischen euch ausgelöst hat, so wirst du erkennen, wie ungerechtfertigt es ist, dass der andere allein die Schuld daran tragen soll.

Gewiss muss auch er sich verantwortlich fühlen, aber das ist wiederum nicht dein Problem.

Die Einsicht in die Verantwortung für das, was uns im Leben widerfährt, findet auf eindringliche Weise im folgenden Zitat Rudolf Steiners Ausdruck:

«Man weiß im Geistessein, dass man zu seiner Gesamtentwickelung ein Sinnesleben nötig hat, das der Seele dann vielleicht im Sinnensein unsympathisch oder bedrückend verläuft; und man strebt es doch an, weil man im Geistessein nicht auf das Sympathische und Angenehme, sondern auf dasjenige sieht, was zur rechten Entfaltung des Eigenseins notwendig ist. In ähnlicher Art verhält es sich mit den Geschicken des Lebens. Man sieht dieselben und schaut, wie man sich das Sympathische und auch das Unsympathische im Geistessein zubereitet hat, wie man selbst die Mittel herbeigeführt hat, die verursachen, dass man dieses oder jenes Glückliche oder auch Schmerzvolle im Sinnensein durchmacht. Auch da kann der Mensch, solange er sich bloß im Sinnensein erlebt, es unbegreiflich finden, diese oder jene Lebenslage selbst herbeigeführt zu haben; im Geistessein hat er aber das gehabt, was man eine übersinnliche Einsicht nennen kann, dahingehend, dass er sich sagte, du musst das Schmerzvolle oder Unsympathische durchmachen, denn nur solches Erleben bringt dich in deiner Gesamtentwickelung um eine Stufe weiter. Aus der bloßen Beurteilung aus dem Sinnensein heraus kann man nie erkennen, inwiefern ein Erdenleben den Menschen in seiner Gesamtentwickelung vorwärts bringt.»[*]

Der Begriff der Verantwortung beinhaltet also zweierlei. Einmal bedeutet er, dass du die Geschicke deines Lebens selbst herbeiführst, weil du mitgeholfen hast, die Geschichte deines Lebens zu verfassen. Zum Zweiten heißt Verantwortung tragen, dass es an dir liegt, angemessen auf das zu antworten, was dir widerfahren ist. Dich zu deinem Problem zu bekennen, bedeutet nicht, dass du dir auf die Brust klopfen und sagen musst: «Es ist alles meine Schuld!» Das ist weder nötig noch hilft es dir. Es würde dich nur behindern, wenn du dich in dein Schuldgefühl hineinsteigertest und mit dem Finger auf dich selbst zeigtest. Sei lieber großherzig genug, das, was dir widerfahren ist, zu umarmen, so wie eine Mutter ihr Kind umarmt, wenn es Kummer hat. Bekenne dich sowohl zu den Tatsachen deines Problems als auch zu den Gefühlen, die es in dir weckt. Sobald du dir dein Problem zu Eigen gemacht hast, wirst du aufhören, anderen die Schuld daran zu geben, und das hilft, jenes Gefühl von Bitterkeit aufzulösen, das so schnell entstehen kann. Du wirst deinem Problem nun ganz anders entgegentreten, denn es beginnt, seine Macht über dich zu verlieren.

---

[*] Rudolf Steiner, Ein Weg zur Selbsterkenntnis des Menschen in acht Meditationen, S. 81.

3. Schritt

Das Gegebene annehmen

Ich bin für die Lösung meines Problems
verantwortlich.

Wenn du dir dein Problem erst einmal zu Eigen gemacht hast, so bist du auch bereit, dich darum zu kümmern.

Indem du dich zu ihm bekannt hast, müsste es dir gelungen sein, dich ein wenig aus seiner Verstrickung zu lösen, und indem du es nun als dein Eigentum begreifst, beginnst du zu akzeptieren, dass es an dir liegt, dein Problem zu verarbeiten und zu verwandeln. Damit entgehst du der Gefahr, es irgendwie zu hegen oder wie gelähmt von ihm zu sein. Eine Krisensituation verlangt immer nach einer Entscheidung; sie fordert einen Richtungswechsel und eine Veränderung eingefahrener Denk- und Verhaltensweisen. Aber es ist jetzt noch nicht an der Zeit, einen Plan für die Herbeiführung einer Lösung festzulegen. Wenn du zu früh zu planen beginnst, lenkst du dich davon ab, dich selbst noch weiter zu erforschen, und das ist jetzt vordringlich. Stell dir dazu folgende Fragen: «Bedauere ich mich selbst? Fühle ich mich als Opfer der Machenschaften anderer? Oder bin ich das Opfer widriger Umstände?» Wenn dem so ist, dass du dich als Opfer fühlst, so möchte ich dich fragen, ob du vorhast, so lange zu warten, bis ein anderer den ersten Schritt wagt. Beabsichtigst du, die Zeit verstreichen zu lassen in der Hoffnung, dass die Wunde heilen und das Problem sich von allein lösen wird? Oder willst du die Situation in den Griff bekommen und dir selbst einen Weg hindurchbahnen? Gewiss mögen dazu bestimmte Veränderungen in deiner Außenwelt notwendig sein, aber du musst dich auch selbst darum kümmern, dass diese Entwicklung tatsächlich in Gang kommt. Und was das Gefühl von Verletztsein oder Verstimmung angeht, das du vielleicht noch hegst, bist du bereit, es zu akzeptieren und irgendetwas dagegen zu tun, oder willst du es lieber verdrängen, damit es in deinem Innern weiter bohrt und möglicherweise Sprengstoff für eine künftige Krise liefert? Bist du in der Lage einzusehen, dass dich solche Gefühle zum tieferen Kern deines Problems zu führen vermögen? Freilich werden sie das nicht auf dem kürzesten Weg tun, und du wirst von ihnen weder eine Sofortmaßnahme noch ein schmerzstillendes Mittel an die Hand bekommen. Sie konfrontieren dich lediglich mit der Herausforderung: «Bist du bereit, all das zu erleiden, was zu erleiden ist, um dich ans Ziel zu bringen?» Deine Neigung, dich selbst zu bemitleiden und als Opfer zu fühlen, mag vielleicht folgendermaßen bezwungen werden: Wenn du merkst, dass sie in dir wieder die Oberhand gewinnt, dann solltest du versuchen aufzuspüren und dir bewusst zu machen, was denn eigentlich in dir bohrt, sei es nun Wut, Angst, Hass, Schuld, Erschöpfung oder Hoffnungslosigkeit. Jedes einzelne dieser Gefühle, mehr noch aber eine Kombination von ihnen, macht dich handlungsunfähig.

Wut ist ein umfassendes Gefühl, das von Groll bis hin zu heiligem Zorn zu reichen vermag. Ein Wütender empfindet Ohnmacht angesichts einer Bedrohung seines Selbstbildes oder seiner Ideale. Wenn du dich als Opfer fühlst, so prüfe, ob Wut in dir ist, entweder Wut auf denjenigen, der dir zu deiner Bestürzung Anlass gegeben hat, oder aber Wut auf die Bestürzung selbst. Dann wirst du möglicherweise feststellen, dass du denkst: «Warum zum Teufel muss ausgerechnet mir das passieren?» oder: «Warum hat er (bzw. sie) mir das angetan?», und es werden Gegenkräfte wach.

Vielleicht bist du dazu erzogen worden, Wut als eines derjenigen Gefühle zu betrachten, die gesellschaftlich inakzeptabel sind und daher unterdrückt werden müssen. Oder schlimmer noch: Du redest dir vielleicht selbst ein, dass deine Wut gar nicht vorhanden ist. Aus der Unterdrückung von Wut folgt jedoch oft, dass du dich deprimiert fühlst, vielleicht sogar wie betäubt, und eine Sperre baut sich in dir auf, die dich daran hindert, dein Problem bewusst zu bewältigen.

Wenn du dir also die Frage stellst: «Bin ich wütend?», so wirst du vielleicht erstaunt bemerken, dass du dir die ehrliche Antwort geben musst: «Ja, das bin ich.» Möglicherweise wirst du sogar feststellen, dass dein Groll (oder ein noch stärkeres Gefühl) Hass in deinem Herzen gesät oder den Drang nach Rache ausgelöst hat. Sobald du dir aber deine Wut eingestehst, wird sie anfangen, sich in Nichts aufzulösen. Wenn dies geschieht, vermag die emotionale Energie, die hinter der Wut verborgen ist, eine positive Richtung zu nehmen; sie wird dich vielleicht sogar dazu bringen, der Person zu verzeihen, die deine Gefühle in Aufruhr gebracht hat. Auszuloten und klar zu unterscheiden, was in deinem Innern gegenwärtig ist, trägt dazu bei, dass du lernst, es zu akzeptieren; und deine Vorstellung, immer ein Opfer zu sein, wird allmählich schwinden.

Wenn du **Angst** empfindest, bist du wie gelähmt. Du ziehst dich in dich selbst zurück; deine Gedanken und Gefühle nehmen eine neue, nie gekannte Richtung. Die Furcht vor diesem Ungewissen lässt dich zittern und zagen, denn der Schauder, der dich befällt, macht dir bewusst, dass du hilflos bist und einer Macht oder Kraft gegenübertreten musst, der du vielleicht unterliegst. Karl König beschreibt die Angst (aber auch die Scham) folgendermaßen:

«Weder Furcht noch Scham können rational erklärt werden. Es gibt keine sichtbare und bekannte Ursache für das Aufsteigen dieser zwei höchst unbequemen und unerwünschten Zustände unseres inneren Lebens. Beide jedoch lassen uns etwas erfahren, was in unserem Alltagssein unbekannt ist. In der Furcht wie in der Scham stehen wir von Angesicht zu Angesicht mit einem Erlebnis, das plötzlich auftaucht. Etwas Unbestimmbares tut sich vor uns auf; es ist, als ob die Unergründlichkeit alles Lebens und Seins erschiene. Unsere Gedanken wirbeln herum wie aufgescheuchte Ameisen. Wir fühlen uns schuldig, wir denken an Leben und Sterben, an Gott und unsere Missetaten. Unser Gewissen zerrüttet unseren Verstand. Wir sind uns bewusst, dass ein anderer, völlig neuer Bereich unseres Seins sich eröffnet hat, aber wir werden davon abgehalten, einen klaren Blick in diese neue Welt zu gewinnen. Eine Tür öffnet sich in einem Raum, der gewöhnlich verbotenes Land ist. Das geschieht so schnell, dass wir erschrecken und kaum wagen, an die Schwelle heranzutreten. Und gleich darauf ist die Tür wieder geschlossen.»[*]

Die Angst vermag uns die Vergänglichkeit unseres Erdendaseins in Erinnerung zu rufen. Durch eine solche Schärfung des Bewusstseins gelangen wir zu der Erkenntnis unserer eigenen Schwäche und Hilfsbedürftigkeit, und wir bringen weit eher die Bereitschaft auf, uns zu ändern.

Wenn du feststellst, dass **Hass** in dir entstanden ist, so prüfe diese Empfindung genau und frage dich, ob sie nicht vielleicht das Zeichen einer starken Zuneigung ist, die sich bloß von ihrer Kehrseite zeigt. Wenn du jemanden hasst, so beweist das meist, dass du in einer unauflöslichen Verbindung mit diesem Menschen stehst, und wenn du dir das eingestehst, so öffnest du möglicherweise einem positiven Gefühl die Tür. Die Feststellung, dass du jemanden hasst, kann dir bewusst machen, dass dieser Mensch eine besondere Botschaft für dich bereithält und dass du eine Mauer, die einer von euch beiden errichtet hat, überwinden musst, um zu ihm zu gelangen. Deine starke Empfindung signalisiert, dass derjenige, den du hasst, eine wichtige Rolle in deinem Leben spielt, der du dich nicht entziehen kannst. Die bloße Existenz von Hassgefühlen weist überdies darauf hin, dass du über emotionale Energie verfügst, die fehlgeleitet ist. Wenn du sie in die richtigen Bahnen lenkst, wirst du möglicherweise entdecken, dass der verhasste

[*] Karl König, Über die menschliche Seele, S. 54.

Mensch sehr wichtig für dich ist, ja unter Umständen sogar ein guter Freund sein mag.

Ein **Schuldgefühl** ist das sichere Warnsignal dafür, dass du deine eigene Integrität verletzt hast. Dein Verhalten stimmt nicht mit deiner inneren Überzeugung überein, d.h. die Norm, gegen die du verstoßen hast, gehört nicht zu denen, die dir von außen auferlegt sind, sondern ist Teil deines eigenen inneren Wertesystems. Das Entstehen eines Schuldgefühls gleicht dem Warnlicht auf dem Armaturenbrett, das dir anzeigt, dass dein Benzin zur Neige geht oder dass die Lichtmaschine ihre Funktion eingestellt hat. Solche Warnsignale zu missachten ist riskant. Die Folge davon, dass du nicht die erforderlichen Schritte unternimmst, ist, dass möglicherweise eine sehr viel ernstere Krisensituation entsteht als diejenige, in der du augenblicklich bist. Der Versuch, ein Schuldgefühl mit Vernunftgründen hinwegdiskutieren zu wollen, wirkt so, als würdest du das rote Warnlicht am Armaturenbrett mit Klebeband abdecken: Du hättest immer noch das quälende Gefühl, dass irgendetwas nicht in Ordnung ist. Und sich über ein Schuldgefühl zu ärgern, ist, als wollte man das Warnlicht für den leeren Tank oder den gerissenen Keilriemen verantwortlich machen. Nein, eine Schuld muss anerkannt und ihre Ursache beseitigt werden, indem man das Verhalten, das schuldhaft gewesen ist, aufgibt. Es mag überdies auch notwendig sein, eine Wiedergutmachung zu leisten.

Erschöpfung ist ein Zeichen dafür, dass du eine Pause einlegen, dich aus dem geschäftigen Treiben, das dich zu viel Anstrengung gekostet hat, zurückziehen und so eine neue Einstellung gegenüber deinem Tun beziehen musst. Es ist nur natürlich, in einem Leben zu ermüden, das viele Anforderungen stellt; aber wenn du die Alarmsignale nicht zur Kenntnis nimmst und dich verausgabst, dann erhöht sich die Gefahr, dass du Fehler und Fehleinschätzungen begehst oder dass du eine resignierte oder voreingenommene Haltung dem Leben gegenüber einnimmst. Dies vermag eindeutig die Entstehung einer ganzen Reihe verschiedenster Probleme zwischen dir und deiner Umwelt zu begünstigen. Wenn du dich erschöpft fühlst, gestehe dir das lieber ein und ruhe dich aus, denn eine Ruhepause stellt nicht nur deine körperlichen Kräfte wieder her, sondern ermöglicht dir darüber hinaus, dein Alltagssein mit anderen Augen zu betrachten. Das ist auch der Kern des bekannten Sprichworts «Nach getaner Arbeit ist gut ruhen». Ein großes Problem der heutigen Zeit besteht jedoch darin, dass wir kaum noch infolge ehrlicher Mühe und körperlicher Anstrengung erschöpft sind, sondern meist dadurch, dass unsere nervliche Kraft verbraucht ist. Stress, denaturierte Nahrung und passive Unterhaltung tragen ein Übriges dazu bei, dass wir uns geschwächt fühlen. Man hält sich mithilfe verschiedener Aufputschmittel bei Kräften und wundert sich, wenn Probleme entstehen. Die einzige Möglichkeit, sie zu lösen, besteht dann oft nur darin, den Lebensstil zu ändern und ihn wieder den natürlichen Bedürfnissen anzupassen.

In Bezug auf die Empfindung der Hoffnungslosigkeit ist es nicht einfach, einen positiven Aspekt zu entdecken. Das Wort beinhaltet schon an sich, dass es eine Lösung nicht gibt, und du musst dir eingestehen, dass du allein nichts unternehmen kannst. Aber du kannst dich zumindest in einen Gemütszustand versetzen, der dir ermöglicht, Hilfe von außerhalb anzunehmen. Du kannst dir zum Beispiel sagen: «Die Lage ist hoffnungslos, aber nicht ernst», und du kannst für einen Moment ganz still sitzen bleiben und dich allem öffnen, was auf dich zukommen mag. Wenn du das tust, so besteht die Chance, dass dir aus einer völlig unvermuteten Ecke Hilfe «wie aus heiterem Himmel» zuteil werden mag, als gäbe es eine Zauberkraft, die sie herbeizurufen vermag, wenn man wirklich Hilfe braucht und offen für sie ist. Auch der verlorene Sohn musste das Äußerste an Leid erfahren, ehe er offen für eine neue Eingebung war.

Wenn du zu deinem Problem **ja** sagen kannst, dann hast du dich schon auf den Weg zu seiner Lösung begeben. Aber vermeide, mit zu großen Schritten vorwärts zu eilen! Du musst noch drei Stufen erklimmen, bevor du einen Plan festlegen kannst, wie du zum neuen Ausblick gelangst. Du wirst ihn aber erreichen.

4. Schritt

Nach dem Sinn fragen

Was muss ich in meiner Situation lernen?

Jedes Mal, wenn du dich in einer Lebenskrise befindest, gibt es irgendeine Lehre daraus zu ziehen.

Du fühlst dich verunsichert und bedroht, und deine Lernbereitschaft ist darum beträchtlich erhöht. In Zeiten, in denen es keine Probleme gibt, bist du weniger offen, aus den annehmlichen Begebenheiten deines Alltags zu lernen; die vertrauten Bahnen können dich nicht zu einem Lernprozess anspornen. Wenn du aber im Begriff bist, neue Ufer zu betreten, so musst du Lernbereitschaft aufbringen. Die Auflösung alter Verhaltensmuster ist Vorbedingung für die Entstehung neuer, denn nur wenn das festgefügte System von Gewohnheiten Risse zeigt, vermag Licht einzudringen. So kann auch eine neue Einsicht in das Leben, in unser Weltverständnis oder in unser Ich erst dann entstehen, wenn althergebrachte Denk- und Verhaltensroutinen über Bord geworfen werden. Wenn du dies zu spüren beginnst, so mag das ein Zeichen dafür sein, dass dir dein Problem eine Botschaft zu übermitteln sucht. Meist hat eine solche Botschaft zum Inhalt, dass du bestimmte Gewohnheiten aufgeben sollst. Oder du siehst dich vielleicht mit einer Schwäche konfrontiert, die du zwar immer geahnt, aber nicht zur Kenntnis genommen hast. Eine solche Konfrontation wird schmerzhaft für dich sein, aber sie irritiert dich mit gutem Grund: Wenn wir bemüht sind, etwas zu ignorieren, das uns missfällt, dann mögen wir es gar nicht, wenn es uns direkt vor die Nase gehalten wird.

Eine andere Möglichkeit ist, dass dich dein Problem zwingt, der überstürzten Hast in deinem Leben Einhalt zu gebieten. Es könnte dir eine Warnung sein, dich nicht zu übernehmen, weil du dir Schwierigkeiten einhandelst, wenn du so weitermachst wie bisher. Seine Botschaft könnte sich aber auch auf deine Gesundheit beziehen oder dir als Aufforderung gegenübertreten, eine von dir sehr geschätzte Position aufzugeben. Was auch geschehen mag, es hat vermutlich folgenschwere Konsequenzen für dein ganzes Leben. Vielleicht hast du einen neuen Abschnitt in deiner Biografie erreicht, der mit jenen Rhythmen und Phasen in Zusammenhang steht, die die wissenschaftliche Untersuchung zahlreicher Lebensabläufe gezeigt hat. Denn in jeder Lebensgeschichte gibt es Zeiten, in denen das Entstehen einer Krise, die kaum etwas mit den äußeren Lebensumständen zu tun hat, begünstigt ist. Innere, meist biologische Veränderungen können deine Stimmung beeinflussen und fordern dich vielleicht auf, dein Leben nach neuen Gesichtspunkten auszurichten. Es ist immer hilfreich, solche Veränderungen genau im Auge zu behalten, um dann so zu handeln, wie sie es zu erfordern scheinen. Es mag auch für dich an der Zeit sein, dir die Absichten in Erinnerung zu rufen, die dich bislang in deinem Leben gelenkt haben, und dich wieder auf die Ziele zu konzentrieren, die du immer erreichen wolltest, oder aber herauszufinden, ob du die Ziele, denen du in deiner Jugend nachgeeifert bist, nun klarer im Visier hast.

Du magst dich vielleicht fragen, was dein Problem eigentlich in dir auf die Probe stellen will. Ist es deine klare Sicht der Dinge, deine Willenskraft, einmal gefasste

Beschlüsse in die Tat umzusetzen, dein Einfühlungsvermögen für bestimmte Situationen, deine Ehrlichkeit dir selbst gegenüber, oder sind es deine Gefühle anderen gegenüber? Oder vielleicht bist du mit der Herausforderung konfrontiert, auf etwas verzichten zu müssen, das du nur widerstrebend loslässt. In diesem Fall stellt sich die Frage, ob das, worauf du verzichten sollst, denn wirklich so wichtig für dich ist. Könnte es nicht auch sein, dass das, was dir als unersetzlich erscheint, in Wahrheit eine Kompensation darstellt? Wenn du zum Beispiel gezwungen bist, eine Position aufzugeben, die dir Rang und Einfluss verschafft hat, beinhaltet das nicht möglicherweise auch, dass du nun vor der Aufgabe stehst, dich um eine neue Art von Führung zu bemühen, die deinen Einfluss von der Macht hin zu Autorität verwandelt? Vielleicht wird von dir verlangt, weniger klug und dafür weiser zu sein. Solcher Art können die Forderungen sein, wie sie die Krise in der Lebensmitte an dich stellen mag. Aber auch eine derartige Krise ist immer ein Weg in zwei Richtungen zugleich: Sie nimmt, aber sie gibt auch. Der getarnte Dämon hält sein Geschenk gut versteckt und gibt es nur her, wenn du selbst die Fähigkeit besitzt, es ihm abzuverlangen.

Der vierte Schritt stellt also die Forderung an dich, dein Problem zu verstehen, es vor dir auszubreiten, von allen Seiten zu betrachten und schließlich so zu befragen, dass es sein Geheimnis lüftet und dir seine Botschaft mitteilt. Dies kann jedoch nicht geschehen, wenn du ihm mit ungebrochenem Stolz entgegentrittst. **Du musst lernen, bescheidener zu werden**, auch wenn dies mit einem großen Schmerz verbunden ist. Er ist es wert, dass du ihn erleidest, denn er bringt dich dazu, an Weisheit zu wachsen. Der verlorene Sohn kehrte verletzt, gedemütigt und seiner ganzen Habe beraubt nach Hause zurück, aber er hat die Schuld seiner Verschwendungssucht erkannt und auf sich genommen, und er hat gelernt, demütig zu sein.

5. Schritt

Sich nach innen wenden

In mir ist mehr als nur das «arme Ich».

Wenn dir der vierte Schritt dabei geholfen hat, dich zu öffnen, um mehr über dich selbst zu erfahren und bescheidener zu werden, dann ist es nun so weit, dass du deine Größe erkunden kannst. Bist du in der Lage, eine Weile ganz still zu sein?

Das mag dir schwierig erscheinen wegen des Aufruhrs, der in dir tobt, verursacht durch den Schmerz, den du erlitten hast, oder durch die Verwirrung, in die du gestürzt bist. Die vorangegangenen vier Schritte sollten aber dazu beigetragen haben, dass du dich ein wenig über den Dingen fühlst; doch vielleicht musst du sie noch einmal wiederholen? Es ist notwendig, dass du dich vergewisserst, ob du wirklich klar erkannt hast, was **über** dich hereingebrochen ist. Hast du dir ein objektives Bild deiner Krise oder deines langwierigen Problems gemacht, hast du die Verantwortung dafür übernommen und vermagst du einzusehen, dass du diese Situation bewältigen musst? Dass du alles lernen musst, was es aus ihr zu lernen gibt?

Dann musst du jetzt deiner inneren Stimme lauschen und dich fragen, worin dein Problem denn eigentlich besteht. Wenn du daran leidest, dass dein Selbstbild zerstört ist oder dass du deine Selbstachtung verloren hast, dann solltest du dir die Frage stellen: «Wer bin ich? Ist mein Selbst identisch mit dem Bild, das ich mir immer von mir selbst gemacht habe? Oder ist in mir noch etwas anderes? Was ist das, was mir da solches Unbehagen macht?» Zur Antwort magst du dir vielleicht sagen: «Es ist mein Gewissen, das mir Unbehagen macht; es ist diese innere Stimme, die auf meine Ideale pocht, wenn ich diesen nicht gefolgt bin.» Dann frag dich ehrlich, wie dein Wertesystem zustande gekommen ist. Durch die Gesellschaft, in der du lebst? Durch die Religion, der du angehörst? Bist du während deiner Erziehung so indoktriniert worden? Mit anderen Worten: Welchen Stellenwert haben diese Werte eigentlich? Hast du sie dir selbst zu Eigen gemacht oder hast du lediglich von dem gezehrt, was dir in deiner Jugend eingeimpft worden ist? Machst du nun den Versuch, dich davon zu lösen und zu deinem wahren Selbst zu finden? Steht deine Integrität auf dem Spiel? Derartige Fragen mögen nun das in Bedrängnis bringen, was du immer als dein Gewissen akzeptiert hast, und sie zeigen deutlich, dass es sich dabei um ein System von Normen handelt, das du zu einem Zeitpunkt übernommen hast, als du noch nicht in der Lage warst, selbst eines zu entwickeln. Wenn du dich dieser Tatsache stellst, erkennst du vielleicht, dass du eine Entscheidung darüber fällen musst, was für dich wahr und richtig ist. Das mag etwas völlig anderes sein als das, was du bislang angenommen hast. Eine solche Erkenntnis wird dich unweigerlich bestürzen, und du wirst dich vielleicht verloren fühlen. Deine Halteseile sind morsch geworden, und wenn du sie noch weiter auf die Probe stellst, werden sie möglicherweise reißen, du wirst ins Stolpern geraten und der Gefahr ausgesetzt sein, den Boden unter den Füßen, die Grundlage deiner Selbstsicherheit, zu verlieren. Das ist ein sehr gefährlicher Moment – aber auch eine Chance! Du hast die Chance, dich zu öffnen und eine Expedition in die Tiefen deines Seins zu erleben.

Denn das, was ganz tief in dir verborgen ruht, vermag sich in Augenblicken der höchsten Gefahr zu offenbaren.

Dann wirst du vielleicht einer Wahrheit begegnen, die für den Rest deines Lebens bestimmend sein kann. Vielleicht bist du sogar in der glücklichen Lage, eine neue Bestätigung deiner selbst zu erfahren und eine Mission in deinem Leben zu entdecken, die nur du allein auszuführen vermagst, weil niemand sonst so ist wie du. Deine Verletzlichkeit beweist deine Menschlichkeit; der Mensch ist das unvollkommenste aller Geschöpfe, gemessen am Reichtum seiner Möglichkeiten und dem, was er tatsächlich zuwege bringt. Gerade dein Gefühl der Verlorenheit wird dein Herz und deinen Geist öffnen, sodass du der Stimme lauschen kannst, die aus der Tiefe deines Innern zu dir spricht – nicht jener Stimme deines den Konventionen der Gesellschaft angepassten Ichs, sondern der Stimme deines ewigen, unerschütterlichen Selbst, das vom Grund deines Seins aufstrahlt. Akzeptiere, dass du dich verunsichert fühlst und möglicherweise nicht in der Lage bist, diese Bestätigung deiner selbst willkommen zu heißen, denn es mag zum jetzigen Zeitpunkt durchaus niederschmetternd für dich sein, die Stimme deines tieferen Gewissens anzuhören.

Dieser Moment ist äußerst riskant und stellt schon in sich eine Krise dar, die du zu überstehen hast. Du musst dir nur sagen: «Das ist jetzt genau richtig für mich!» Du kannst entweder einen völligen Zusammenbruch erleiden oder aber den Durchbruch zu etwas Neuem erleben. Alles, was dir geblieben ist, nachdem du das, was dir ein Gefühl von Sicherheit gab, verloren hast, ist das Wissen, dass du bist. Daher leugne nicht deinen Selbstwert, sei still und halte dieses Wissen um dein Sein ganz fest! Aus der Stille wird nun ein Lichtstrahl zu wachsen beginnen, der die Dunkelheit ringsum durchdringt. Bleib in seinem Glanz und lass neuen Mut in dir entstehen. Etwas wird dir versichern, dass du selbst größer bist als all deine Schwäche und all dein Schmerz. In einem solchen Moment mag in dir vielleicht eine Ahnung deines verschütteten Ichs aufglimmen, wie es der leidenschaftliche Philosoph Johann Gottlieb Fichte, der selbst in seinem Leben einige Krisen zu meistern hatte, in folgendem Sonett in Worte gefasst hat:

Was meinem Auge diese Kraft gegeben,
Dass alle Missgestalt ihm ist zerronnen,
Dass ihm die Nächte werden heitre Sonnen,
Unordnung Ordnung, und Verwesung Leben?

Was durch der Zeit, des Raums verworr'nes Weben
Mich sicher leitet hin zum ew'gen Bronnen
Des Schönen, Wahren, Guten und der Wonnen,
Und drin vernichtend eintaucht all' mein Streben? –

Das ist's. Seit in Uranias Aug', die tiefe
Sich selber klare, blaue, stille, reine
Lichtflamm', ich selber still hineingesehen;

Seitdem ruht dieses Aug' mir in der Tiefe
Und ist in meinem Sein, – das ewig Eine,
Lebt mir im Leben, sieht in meinem Sehen.*

Die Gestalt, die ein solches Ereignis annimmt, kann
immer wieder völlig anders sein. Vielleicht kommt im
Augenblick größter Bedrängnis ein Freund zu dir und
spricht ein paar Worte, die deinen Mut entfachen und
dir eine neue Richtung weisen. Vielleicht erzählt er dir
von einem Buch, einem Gedicht oder einem Bild, ohne
überhaupt zu ahnen, dass er dir den Schlüssel zum
Verständnis dessen liefert, was neu in dir geboren ist.
Dinge, die du irgendwann einmal gehört hast, mögen
plötzlich ihre bislang verborgene Bedeutung enthüllen;
sie kommen auf dich zu wie Gefährten, die dich zu einem
neuen Lebensabschnitt führen wollen. Oder es mag
ein Fremder in dein Leben treten, und du empfindest
eine Zeit lang tiefe Nähe zu ihm, weil seine Wärme auf
dich ausstrahlt wie das zuvor erwähnte Licht. Oder du
hörst zufällig ein Musikstück, in dessen Melodie ein Ton
mitschwingt, der dich tief in deinem Innern berührt. Das
Wesentliche einer solchen Erfahrung, ganz gleich wie sie
gestaltet sein mag, besteht darin, dass etwas in dir durch
deine Verzweiflung, dein Alleinsein und deine Schwäche
hindurch einen Ruf ausstößt, der von dem Einen erhört
wird, der zu antworten vermag. Derjenige, der zur rech-

---

* Johann Gottlieb Fichte, Sämtliche Werke, Band 8.

ten Zeit zu dir gekommen ist, mag vielleicht überhaupt nicht die volle Bedeutung seines Tuns ermessen können; dennoch wird er von einer höheren Führungsmacht geschickt sein, die den Weg kennt, den dein Ich geht. Viele Menschen erfahren dies in Zeiten der Not oder Sorge. Wenn wir uns unserem Problem stellen und erkennen, dass wir allein nicht in der Lage sind, es zu lösen, dann öffnen wir dem Wirken einer höheren Kraft den Weg, sodass ein Wunder zu geschehen vermag. Aber es lauert stets die Gefahr, dass wir in Versuchung geraten, unsere alten Gewohnheiten wieder aufzunehmen, sobald unser Kummer nachlässt. Darum musst du dich nun für den sechsten Schritt bereitmachen.

6. Schritt

Einen Entschluss fassen

Nach der Dämmerung will ich dem neuen Tag entgegengehen.

Wenn in einem Beratungsgespräch der eine Partner wirklich aufmerksam zuhört, so vermag bekanntlich für den anderen eine Veränderung einzutreten. Wäre es daher nicht auch möglich, dass sich ein Wandel deiner augenblicklichen Situation ergibt, wenn du der Stimme tief in dir Gehör schenkst?

Mit einem solchen Wandel entsteht auch neue Kraft. Kannst du sie dir derart zunutze machen, dass du mit jenem wahren Teil deiner selbst in Verbindung bleibst, der sich jetzt neu offenbart hat? Das setzt freilich voraus, dass du den Mut zu einer Veränderung aufbringst. Oder willst du, dass alles so bleibt, wie es ist? Wenn du bereit bist, dich zu ändern, wirst du wahrscheinlich feststellen müssen, dass es ein harter Kampf sein kann, die gewohnten Denk- und Verhaltensweisen aufzugeben. Denn sobald du dich zu einer Veränderung entschlossen hast, werden Kräfte in dir wach, die die bestehenden Verhältnisse retten wollen; sie suchen dir einzureden, dass es unmöglich ist, aus den vertrauten Bahnen auszubrechen. Willst du auf sie hören?

Wenn ja, dann ist deine weitere Entwicklung blockiert. Alles hängt nun von deinem festen Entschluss ab, dein Leben gemäß dem, was du neu erfahren hast, umzugestalten.

Die etablierte Ordnung deines Lebens ist mit einer Herausforderung konfrontiert. Dir ist etwas Neues begegnet, das darauf wartet, in dein Leben integriert zu werden. Nun muss dieses neue Gefühl oder diese neue Erkenntnis zu einem Entschluss führen. Durch ihn wirst du die Willenskraft, den Mut und die Ausdauer finden, die dir der folgende Schritt abverlangt.

7. Schritt

Einen Plan festlegen

Ich muss mir überlegen, welchen Weg ich nun gehe.

Das Problem, mit dem du dich befasst, hat dir zu Bewusstsein gebracht, dass es in deinem Leben etwas gab, das nicht in Ordnung war. Daraus folgte der Entschluss, dein Verhalten grundlegend zu ändern. Nun bist du an dem Punkt angelangt, an dem es Zeit wird, dir Gedanken darüber zu machen, wie du deinen einmal gefassten Beschluss in die Tat umsetzen willst.

Während des fünften Schrittes hast du dich dem Mittelpunkt deines Seins genähert; daher kannst du dich selbst nun viel besser als früher verstehen, und mit dem sechsten Schritt hast du beschlossen, dich zu ändern. Wirst du dir jetzt überlegen können, was du dafür zu tun hast?

Einen Plan zu entwerfen erfordert zweierlei. Zunächst einmal musst du dir über dein Vorhaben als Ganzes klar werden. Es soll ja die Antwort auf die Herausforderung sein, die sich dir mit den vergangenen Ereignissen gestellt hat. Wenn du die Krisensituation, in der du dich befindest, nicht klar einzugrenzen vermagst, dann muss auch dein Handlungsplan entsprechend umfassend formuliert sein. **Dein Endziel muss weit gesteckt sein, und es muss eine ganze Reihe von Teilzielen umfassen.** Wenn dein Problem aber einen ganz konkreten Hintergrund hat, so wird dein Vorhaben wahrscheinlich auf einen ganz bestimmten Aspekt deines Verhaltens gerichtet sein müssen. Vielleicht hast du schockiert festgestellt, dass deine Integrität nicht mehr außer Frage steht, dass etwa deine Aufrichtigkeit, Selbstkontrolle oder Unabhängigkeit in Zweifel gezogen worden sind. Oder du machst vielleicht den qualvollen Lernprozess durch, dich mit dem Verlust einer Beziehung arrangieren zu müssen, und sehnst dich danach, die entstandene Leere mit etwas Positivem anzufüllen, das auf dem neu gewonnenen und tieferen Verständnis deiner selbst beruht. Welchen Umfang dein Problem und dein detaillierter Plan zu seiner Bewältigung auch haben mögen, es besteht in jedem Fall die Notwendigkeit, ein klar definiertes Gesamtvorhaben festzulegen. Am besten formulierst du es schriftlich oder teilst dich einem Freund mit, der Zeuge deines neu gefassten Beschlusses ist. Wenn du den fünften und sechsten Schritt ohne zu mogeln zurückgelegt hast, dann wird auch dein tieferes Selbst wiederbelebt sein, und diese Kraft gibt dir den Antrieb, deine Ziele abzustecken.

Das zweite wichtige Moment bei der Festlegung eines Plans ist, sich klare und überschaubare Teilziele zu setzen. In manchen Fällen mögen diese über einen ganzen Zeitraum verteilt sein, in dessen Verlauf du dich von deinem Fortschritt überzeugen kannst. Jedes einzelne Teilziel muss aber trotz aller Anstrengung, die es dich kostet, realistisch sein, und alle zusammen müssen sie auf die Erfüllung deines Gesamtvorhabens hinarbeiten. Es ist geradezu ein Kunststück, Ziele so zu formulieren, dass das eine auf dem anderen aufbaut, bis eine aufsteigende Reihenfolge entsteht, die der geplanten Entwicklung entspricht. Auch hierbei wird eine Niederschrift nützlich sein, denn sie wird Ordnung in deine Gedanken bringen. Und wenn du die Möglichkeit hast, dich einem Freund mitzuteilen, kannst du sogar deine Ziele in anderen Worten wiedergegeben hören und bist in der Lage, auf diese Weise zu überprüfen, ob sie realistisch sind.

Des Weiteren musst du die Methode festlegen, mit deren Hilfe du deinen Fortschritt kontrollieren willst.

Dies kann zum Beispiel anhand von Notizen auf dem Kalender und mit einem Tagebuch geschehen. Auf dem Kalender kannst du die einzelnen Etappen vermerken, die du zu erreichen vorhast, und im Tagebuch hältst du fest, was du im Einzelnen dazu getan hast. Natürlich können nicht alle Vorhaben nach einem exakten Zeitplan realisiert werden. Es wird zum Beispiel einige geben, die eine innere Entwicklung fordern. Solche Ziele – wie etwa das Erreichen eines weit entfernten Ideals – müssen eher wie eine Reise in ein fremdes Land geplant werden. In einem anderen Fall mag es nötig sein, dass du dich auf mehrere Ziele zur gleichen Zeit konzentrierst. Angenommen, du möchtest dein Selbstbild ändern. Du hast vielleicht die Vorstellung, versagt zu haben, und nimmst dir vor, in Zukunft viel geschickter im Umgang mit Situationen zu sein, wie sie sich aus den Wechselbeziehungen an deinem Arbeitsplatz ergeben mögen. In diesem Fall musst du dir möglicherweise eine ganze Reihe von Zielen setzen wie etwa: jeden Tag pünktlich zu sein, einen aufgeräumten Schreibtisch zu haben, deinen Kunden oder Kollegen besser zuzuhören, die Ruhe zu bewahren, wenn man dich ärgert, ein persönliches Interesse an den Menschen zu zeigen, die für dich arbeiten, jeden Tag Zeit zum Nachdenken zu haben, deine Ansichten mit größerer Konzentration und Deutlichkeit zu vertreten … Dies alles sind Ziele, die zur gleichen Zeit erreicht werden müssen, und jedes einzelne von ihnen muss über den gesamten Zeitraum deiner Planung hinweg im Auge behalten werden. Entsprechend muss auch deine Kontrollmethode angelegt sein. Wenn du dich regelmäßig überprüfst, kannst du dich vergewissern, dass deine gesamte Willenskraft und dein gesamtes Denken auf die Veränderung gerichtet bleiben, die du dir vorgenommen hast.

8. Schritt

In die Zukunft blicken

Ich mache mich von der Vergangenheit frei.

Nachdem du einen so vernünftig als möglich durch-
dachten Plan festgelegt hast, wirst du nun beginnen,
deine Gedanken in die Zukunft zu lenken. Doch die
drohende Angst vor dem Schritt ins Ungewisse hindert
dich möglicherweise daran, deine einmal gefassten
Beschlüsse in die Tat umzusetzen.

Sie könnte dich dazu verleiten, dir Vernunftgründe dafür zu suchen, warum du dich in die Sicherheit dessen zurückziehst, was dir bekannt und vertraut ist. Diejenigen von uns, die von sich selbst behaupten, progressiv zu sein, bemerken stets, wenn andere dazu neigen, konservativ zu sein, aber wir selbst laufen ebenso Gefahr, heimlich zu alten Gewohnheiten zurückzukehren. Beim achten Schritt unseres Lösungswegs geht es daher um ein bewusstes, entschlossenes Sich-Lösen von bestimmten Verhaltensweisen oder Meinungen aus der Vergangenheit. Obwohl dir deine Traditionen einst unumstößlich schienen, hat dich das Problem, das du zu bewältigen hast, oder die Krise, in der du dich befindest, dazu aufgefordert, sie zu ändern.

In diesem Zusammenhang musst du auch deine Erwartungshaltungen überprüfen. Oft haben Probleme ihren Ursprung darin, dass die persönlichen Erwartungen sich völlig von denen anderer Personen in unserer Nähe unterscheiden.

Nimm folgendes Beispiel: Wie oft kommt es doch vor, dass sich das, was du von einer Beziehung erwartest, als etwas ganz anderes herausstellt als das, was der andere erwartet! Es geschieht ja so leicht, dass man die eigenen Erwartungen auf einen anderen Menschen projiziert, und das ist der Anfang von Illusionen. Die Tatsache, dass du eine unangemessene Erwartung hegst, wird früher oder später zu einer Krise führen, besonders wenn deine Erwartung Gefühle, Hoffnungen oder Wünsche betrifft.

Dann interpretierst du nämlich Zeichen und Signale in der Weise, dass sie deine Hoffnung – oder auch deine Eifersucht – bestätigen. Möglicherweise wird sich ein Dritter die Situation für seine eigenen Zwecke zunutze zu machen wissen, und so baut sich eine explosive Spannung auf, die in einer Tragödie enden kann, wie Shakespeare es in seinem Drama «Othello» gestaltet hat. Es mag sogar sein, dass die dritte Person gar keine böse Absicht bei ihrer Einmischung hat, doch weil du unsicher bist und an dir selbst zweifelst, wird irgendetwas dich dazu verleiten, eine Überreaktion zu zeigen, und dann nimmt das Unglück unweigerlich seinen Lauf. Wenn du also versuchst, Ordnung im Chaos deines bisherigen Lebens zu schaffen, so musst du dir die Illusionen bewusst machen, an die du dich geklammert hast. Bist du bereit, sie loszulassen, wenn du erkannt hast, wozu sie gut sind?

Ein anderes Beispiel für unnötigen Ballast, den du besser über Bord wirfst, ist die Empfindung von Groll. Selten tritt Groll offen in Erscheinung, sondern er lauert im Verborgenen und muss aufgespürt, beim Namen genannt, geäußert und bewältigt werden. Es mag auch sein, dass der Groll an sich schon eines jener Teilprobleme darstellt, die mithilfe unseres Zwölf-Punkte-Programms bewältigt werden müssen. Wenn dies zutrifft, so musst du es in Angriff nehmen, bevor du mit der Lösung des eigentlichen Problems, das dein Ausgangspunkt gewesen ist, fortfährst.

Allgemein gesprochen geht es also bei dem jetzigen Schritt darum, all das zu sondieren, was in der Auseinandersetzung mit deinem Problem zusätzlich zum Vorschein kommt, dich belastet und unfrei macht. Dein Problem mag weitere Kreise ziehen, und du wirst vielleicht neue Gebiete entdecken, in denen gleichfalls ein Loslassen des Vergangenen vonnöten ist. Doch das Sich-Lösen von der Vergangenheit ist kein Selbstzweck; es muss auch der Schaffung von Freiräumen dienen, in denen etwas Neues Platz zu finden vermag. Ein etwas gewagtes Beispiel dafür ist die Wahl eines neuen Vornamens, der die Person, die du zu sein anstrebst, wahrheitsgemäßer charakterisieren kann. Warum sich mit einem Namen plagen, der einem nicht gefällt? Warum hast du nicht den Mut, eine Entscheidung zu fällen, die dich deinem wahren Ich näher bringen kann? Auch andere, von Gewohnheit geprägte Dinge in deinem Alltagssein könnten aus ihrer Erstarrung gelöst und neu gestaltet werden, zum Beispiel deine Handschrift: Wenn du sie änderst, wirst du einem Bereich, der bislang ausschließlich von Gewohnheit regiert gewesen ist, neues Bewusstsein vermitteln. Aber auch dabei geht es nicht um einen Wandel um des Wandels willen. Vielmehr macht dir diese Änderung bewusst, dass deine Schrift zu einem wesentlich früheren Zeitpunkt deines Lebens geprägt worden ist. Du hast dich weiterentwickelt, und dieser Fortschritt könnte sich in deiner Handschrift widerspiegeln. Vielleicht solltest du auch deine Gewohnheiten in Bezug auf

Kleidung, Anordnung und Ausstattung deines Zimmers sowie die Dinge, die du zuhauf in deinen Schränken stapelst, überdenken. Oder nimm deine festgefahrenen Vorstellungen darüber, was eine gesunde Ernährung ist. Möglicherweise passen sie nicht zu dem Menschen, der du nun geworden bist. Wenn dieser neue Mensch nicht althergebrachten Vorstellungen entsprechen muss, wird er viel mehr Freiheit haben. Auch eine Schlange kann nur wachsen, wenn sie ihre alte Haut abstreift.

Es mag radikal klingen und dich vor den Kopf stoßen, aber es verhält sich wie mit dem Unterschied zwischen deinem Gesamtvorhaben und den einzelnen Teilzielen, die dich zu ihm hinführen: Du kannst dir zwar vornehmen, ein neuer Mensch zu werden, aber du musst mit kleinen Veränderungen den Anfang dazu machen. Es gibt dafür ein eindrucksvolles Bild in der Natur, nämlich den Schmetterling, der seinen Kokon verlässt. Wenn er den richtigen Augenblick, sich zu entpuppen, verpassen würde, könnte er nie erfahren, dass er seidene Flügel besitzt. Vielleicht bist du an einem ähnlichen Punkt wie der sich entpuppende Schmetterling angelangt; wie schade wäre es, wenn du ihn verstreichen ließest! Dann wird nämlich eine weitere Krise nötig sein, um den Kokon aufzusprengen, der dich gefangen hält. Möchtest du darauf warten?

Illusionen, falsche Erwartungen, Groll, eingefahrene Gewohnheiten, in der Vergangenheit geprägte Verhaltensweisen: Was gibt es noch, wovon du dich befreien müsstest? Du wirst es wissen. Was aber wird geschehen, wenn du es nicht schaffst, dich aus der Vergangenheit zu lösen? In unserem leiblichen Körper heilen Wunden, wenn sie auch Narben hinterlassen; aber im halbbewussten Reich unserer Gefühle dauert es oft lange Zeit, bis Wunden heilen, vor allem wenn nicht entschlossen Maßnahmen zu ihrer Heilung ergriffen werden. Die Erinnerung bleibt wach und wirkt weiterhin auf die Empfindungen ein, und es ist nicht einfach, an den tief sitzenden Schmerz heranzureichen. Aber es liegt ein großer Gewinn darin, einen Schmerz zu bewältigen, um eine heilsame Wirkung dort zu erzielen, wo die Erinnerungen und Gefühle lebendig sind. Der schrittweise Prozess, sich den Schmerz einzugestehen, zu Eigen zu machen und ihn zu akzeptieren, wird dir helfen, ihn ins wärmende Licht deines Bewusstseins zu holen.

Insbesondere der fünfte Schritt trägt dazu bei, dass du deinen Schmerz in den unermesslich weiten Zusammenhang mit deinem wahren Sein zu stellen vermagst, und dies sollte dich in die Lage versetzen, ihm ein wenig von seiner Wichtigkeit zu nehmen – gemessen an allem Übrigen, was in deiner Seele gegenwärtig ist. Schon allein die Tatsache, dass du dich deinem Schmerz zuwendest, wird helfen, ihn zu heilen. Du kannst also nur gewinnen, wenn du einen bestimmten Schmerz in dir ausfindig machst und versuchst, dich ihm schrittweise nach dem hier beschriebenen Verfahren zu nähern.

Irgendwann kommt dann einmal jedoch ein Augenblick der Wahrheit, in dem du zu deinem Schmerz vielleicht sagen musst: «Es ist genug, lass mich!», und jedes Mal, wenn er keine Anstalten macht, von dir zu gehen, musst du ihm wieder und wieder einschärfen, dass er nicht in die Welt deiner Gefühle gehört. Es ist hilfreich, wenn du deine Gedanken mit positiven Dingen beschäftigst, wenn du dich zum Beispiel künstlerisch oder kulturell betätigst, wenn du anderen hilfst, dich um Tiere oder Pflanzen kümmerst, oder wenn du dich körperlich anstrengst, um so jeden Trübsinn und jedes Selbstmitleid aus dir zu verbannen und die innere Leere zu füllen, die vorzugsweise von schwermütigen Grübeleien heimgesucht wird. Und Arbeit, die gebraucht wird, die Befriedigung schenkt, in der du deine Möglichkeiten entfalten kannst, die dich mit anderen Menschen zusammenbringt und neue Interessen weckt, solche Arbeit ist in der Tat ein Wunderheiler. Aber du musst in jedem Fall fest entschlossen sein, dich nicht von Erinnerungen und Verletzungen beeinträchtigen zu lassen, auch wenn diese eine wahre Flut von Signalen in dir aussenden mögen, die bewirken, dass du dich mutlos, einsam oder niedergeschlagen fühlst. Wenn diese Signale nicht enden wollen, dann musst du vielleicht versuchen, einen ganz bestimmten Schmerz in dir aufzuspüren und ihm systematisch, unter Zuhilfenahme der hier genannten zwölf Schritte, auf den Grund zu gehen.

Geistige Kraft, Beharrlichkeit und eine positive Einstellung deinem gegenwärtigen Leben gegenüber helfen dir, dich aus der Vergangenheit zu lösen.

Daher müssen wir uns nun umso ernsthafter mit der Frage beschäftigen, wie man zu einer positiven Einstellung gelangen kann. Mit der Antwort darauf werden wir das Ziel unseres Wegs, Krisen und Probleme schrittweise zu neuer Energie und Zielgerichtetheit umzuwandeln, erreichen.

9. Schritt

Verzeihen lernen

Ich möchte verzeihen und möchte auch, dass man mir verzeiht.

An der Entstehung deines Problems oder deiner Krise wirst nicht nur du allein Anteil haben, sondern es werden andere Menschen daran beteiligt gewesen sein.

Doch vom dritten Schritt an hast du es ihnen überlassen, sich mit den Problemen auseinander zu setzen, die für sie daraus resultieren. Du hast dich ganz in dein eigenes Problem vertieft. Nun aber, wo du im Begriff bist, dein Leben wieder entschlossen in die Hand zu nehmen und neu zu gestalten, nachdem du versucht hast, dich von all jenen Dingen aus der Vergangenheit zu lösen, die für dich hinderlich gewesen sind, musst du ein neues Gebiet erkunden. Es steckt zwar voller Widrigkeiten, ist aber von großer Bedeutung. Die Menschen, die an dem beteiligt sind, was dir widerfahren ist, werden auf ihre Weise darunter zu leiden haben, wenn auch vielleicht nicht so viel wie du. Es könnte aber auch sein, dass sie sehr viel mehr als du zu leiden haben; denn wenn jemand dich verletzt hat, so wird er keine Ruhe mehr finden, sobald er sein Tun erkannt hat. Es wird ihn sehr belasten. Willst du ihn mit dieser Last allein lassen? Oder willst du etwas tun, um ihm seine Last zu nehmen, nämlich ihm verzeihen? Das bedeutet, dass du den Versuch unternehmen musst, wieder mit ihm in Kontakt zu treten, und das mag kompliziert, vielleicht sogar unmöglich sein. Wenn es sich als unmöglich herausstellen sollte, so kannst du aber zumindest versuchen, eine positive Einstellung der verleideten Beziehung gegenüber einzunehmen. Sollte sie völlig zusammengebrochen sein und nun eine Mauer zwischen euch stehen, so mag es sogar geschehen, dass dein guter Vorsatz, sowohl deine Bereitschaft zu verzeihen als auch dein Bedürfnis danach, dass dir verziehen wird, zu signalisieren, über den Haufen geworfen wird. Möchtest du die Mauer überwinden und den anderen wiedersehen? Wenn ja, dann mag schon allein die Tatsache, dass du deinen Wunsch nach Kontakt äußerst, dazu ausreichen, eine Saat zu säen, die zwar möglicherweise viele Jahre bis zu ihrem Aufgang braucht, aber du hast wenigstens alles getan, was in deiner Macht steht. Weil du die Verantwortung dafür, dass ihr nun durch eine Mauer getrennt seid, übernommen hast, musst du den ersten Schritt tun. Du musst die Erinnerung an die Ereignisse, die zur Entstehung dieser Mauer geführt haben, auslöschen. Die Schritte, die du bis jetzt auf unserem Lösungsweg unternommen hast, sollten es dir leichter machen, jene Ereignisse in einem positiven Licht zu sehen und den Entschluss zu fassen, die Dinge ins Reine zu bringen.

Vielleicht musst du dir wieder und wieder bewusst machen, dass du dir eine Last aufbürdest, wenn du auch nur den kleinsten Groll weiterhin hegst, denn er wird dich daran hindern, befreit in die Zukunft zu gehen. Du selbst magst zwar jeden Groll aus deinen Gedanken verbannt haben, und der achte Schritt, den du soeben bewältigt hast, sollte dir überdies geholfen haben, ihn auch gefühlsmäßig zu überwinden. Wie aber kann der andere wissen, dass sich dein Groll gelegt hat, wenn du es ihm nicht sagst oder sonst irgendwie in Verbindung mit ihm trittst? Auch wenn es dir an äußeren Möglichkeiten zur Kontaktaufnahme mangeln mag, so kannst du doch immerhin deine Gedanken in Richtung des anderen lenken und auf diese Weise die Kluft zwischen euch mit etwas Positivem überbrücken. Mittlerweile solltest du aber auch in der Lage sein, zu durchschauen, dass derjenige, der dich angegriffen oder verletzt hat, nur als ein Instrument deines eigenen, weiseren Ichs fungiert. Es hat selbst die Krise herbeigeführt, die du brauchst, um Fortschritte in deinem persönlichen Wachstum zu machen.

Wenn du so positiv zu denken vermagst und es zulässt, dass sich dein Herz infolge deiner positiven Einstellung langsam mit Wärme füllt, dann werden deine Gedanken ihren Weg zu dem anderen finden und sich mit dem verbinden, was ihn unterstützt. Sie werden eine Heilung bewirken, auch wenn der andere nicht ahnt, woher diese rührt. Und so wird anstelle der gefühlsmäßigen Brücke, die zwischen euch entzweigebrochen ist, eine geistige Brücke entstehen.

Verzeihen zu können ist eine kostbare Gabe des Menschen, bei der es aber nicht etwa darum geht, eine vorhandene Verstimmung zu leugnen oder vorzugeben, dass das Geschehene vergessen sei. Verzeihen ist eine positive Kraft, die sowohl den anderen als auch dich selbst zu ändern vermag. Du solltest nie daran zweifeln, dass sie alle Mühe wert ist! Selbst wenn dein Verzeihen keine Ergebnisse zeigt und der andere nicht in irgendeiner erkennbaren Weise reagiert, so wird doch ein Teil von ihm, der wahr und geistig ist, dein Angebot willkommen heißen.

Wenn du dich der folgenden Prüfung unterziehst, kannst du herausfinden, ob du jemandem wirklich verziehen und jede Spur von Groll oder Verdruss in dir getilgt hast. Stell dir vor, du erfährst, dass dem anderen irgendetwas zugestoßen ist, ein Rückschlag etwa oder sonst ein Unglück, oder dass er einen groben Fehler begangen hat und sich nun in einer Krise befindet. Die Gründe dafür haben nichts mit dir zu tun, du hast lediglich davon gehört. Wie reagierst du darauf?

Empfindest du vordergründig eine Art von Genugtuung, ja vielleicht eine Spur von Freude? Oder ein unterdrücktes Gefühl, das sich mit den Worten «Das hat er ja verdient» umschreiben lässt? Oder regt sich in dir echtes Mitgefühl und verspürst du den Wunsch, dem anderen irgendwie zu helfen? Es braucht sich nicht einmal um ein tatsächliches Vorkommnis zu handeln; um dich auf die Probe zu stellen, genügt es, dass du dir etwas Derartiges vorstellst und beobachtest, wie du auf diese Vorstellung reagierst. Unter Umständen wirst du entdecken, dass du noch eine Menge Arbeit vor dir hast!

Aber du musst den Vorgang des Verzeihens noch unter zwei weiteren Aspekten sehen. Erstens musst du dich fragen, ob es notwendig ist, dass man dir verzeiht. Vielleicht hast du jemanden durch deine Worte oder Taten verletzt und bist aggressiv gewesen; vielleicht hast du das Selbstbild und Selbstvertrauen eines anderen erschüttert oder hast Kummer, vielleicht sogar Verzweiflung verursacht. Vielleicht hält man dich für verräterisch oder betrügerisch. Was es auch sein mag, es sollte dir bereits während früherer Stationen unseres Lösungswegs bewusst geworden sein. Doch möglicherweise ist die Brücke zwischen dir und demjenigen, dem du Schaden zugefügt hast, immer noch eingestürzt. Dann wird dein Bemühen, bescheidener zu sein, auf eine schwere Probe gestellt, denn es wird von dir verlangt, dass du den Betreffenden aufsuchst und ihn bittest, dir zu verzeihen.

Dies erfordert Feingefühl und Einfühlungsvermögen, da du wahrscheinlich gar nicht den Kummer ermessen kannst, den du angerichtet hast. Wenn du aber die Verbindung zu denen, die sich von dir abgewandt haben, wieder aufzunehmen suchst, so wirst du das volle Ausmaß der Folgen deines früheren Tuns kennen lernen. Es mag keineswegs in deiner Absicht gestanden haben, jemanden zu verraten, zu täuschen oder zu verletzen, dennoch ist genau das eingetreten. Vielleicht musst du nur zugeben, dass die Worte, die du gebraucht hast, unhöflich oder hartherzig waren. Wenn es dir gelingt, dich genau an den Ablauf der Ereignisse zu erinnern, so wirst du gewiss herausfinden, was es ist, wofür du um Verzeihung bitten musst. Denn es geht ja nicht nur darum, wie du die Dinge siehst, sondern auch darum, wie andere sie sehen. Das macht den Prozess der Versöhnung aus – etwas, das zu den schönsten Eigenschaften des Menschen zählt, vorausgesetzt, er ist mutig und bescheiden genug, die Bedingungen dafür zu schaffen.

Sich zu versöhnen, das heißt, gleichzeitig von zwei Seiten mit dem Bau einer Brücke zu beginnen und sich in der Mitte zu treffen. Willst du derjenige sein, der sich zurückhält, bis der andere den ersten Schritt tut?

Eine dritte Form der Vergebung ist, dir selbst zu verzeihen. Wenn du insbesondere im Verlauf des fünften Schritts erkannt hast, dass du den Kontakt zu deinem wahren Selbst verloren hast, wirst du deinen eigenen Gefühlen begegnet sein. Es nützt nichts, sich fortwährend selbst anzuklagen, weil irgendetwas schief gegangen ist.

Viele von uns neigen dazu, aber helfen tut es niemandem. Wenn du sowohl die vorangegangenen Schritte als auch den jetzigen bewältigt hast, müsstest du in der Lage sein, dir zu sagen: «Diese Krise war notwendig für mich, damit ich mich weiterentwickle.» Wenn du dir nicht selbst verzeihen kannst, dann hast du nicht alles überflüssige Gepäck über Bord geworfen. Stell dir einen Schmetterling vor, der mit einem Kokon an seinem Schwanzende davonfliegen muss!

10. Schritt

Dankbar sein

Ich sehe das Gute in allem, was sich ereignet hat.

Ist es dir möglich, Dankbarkeit für den Lauf der Dinge
zu empfinden?

Dankbar zu sein hilft dir nämlich, sowohl die Ereignisse in der Vergangenheit als auch das, was künftig auf dich zukommen mag, zu akzeptieren. Während der vorangegangenen Schritte hast du das Problem, mit dem du dich auseinander setzt, gründlich durchdacht. Nun musst du wieder ganz still werden und sowohl das Gefühl von Wärme als auch das Staunen zulassen, das dich durchdringen mag, wenn du bemerkst, dass du es geschafft hast, deine Krise umzuwandeln. Der Wechsel vom Denken und Wissen hin zur warmen, herzlichen Empfindung verdeutlicht sich in dem Wort «danken», denn das Denken wird zum Danken, wenn es von Wärme begleitet ist und in allen Erlebnissen das Gute aufzuspüren vermag. Selbst das nüchternste oder verworrenste Denken kann von einem solchen Zustrom der Dankbarkeit profitieren.

Bist du in der Lage, dankbar zu sein? Kannst du denen danken, die dich aus der Fassung gebracht oder verletzt haben? Kannst du einem Verhängnis oder Schicksal danken, das dir einen Verlust zugefügt oder dich zum Krüppel gemacht, dich aber dafür mehr in Kontakt mit dir selbst gebracht hat? Kannst du dir selbst für deine Leidensfähigkeit danken, die dir ermöglicht, einen Schmerz so lange zu ertragen, bis du in der Lage bist, ihn umzuwandeln? Dankbarkeit zählt wie das Verzeihen zu den großen menschlichen Tugenden, denn sie vermag die Kraft des Herzens freizusetzen. Über das Verzeihen haben wir bereits gesprochen, und wir haben unser Verständnis davon erweitern müssen; nun steht es an, dass wir dasselbe in Bezug auf die Dankbarkeit tun.

Üblicherweise verstehen wir unter Dankbarkeit die Reaktion auf etwas, das uns Freude oder Vergnügen bereitet, das uns unseren Alltag erleichtert oder aber uns irgendeine Selbstbestätigung vermittelt. Nun sollen wir für etwas dankbar sein, das uns bestürzt, verletzt, vielleicht sogar unsere Selbstachtung erschüttert hat? Wenn wir uns jedoch daran gemacht haben, ein Problem durchzuarbeiten, und haben tief in uns eine neue Quelle entdeckt, dann können wir auch einen Blick zurück werfen, um festzustellen, was wir dadurch gewonnen haben. Und diese Feststellung sollte uns mit Dankbarkeit erfüllen.

Was hast du verloren? Was hat du gewonnen? Kannst du den Verlust in Anbetracht dessen, was du gewonnen hast, verwinden? Bist du in der Lage, deine jetzige Situation so abzuwägen, oder ist es zu früh dazu? Gewiss braucht jeder Schmerz, den du empfindest, seine Zeit, um nachzulassen, und es mag zu früh sein, um wirklich dankbar sein zu können für alles, was in deinem Innern und rings um dich her geschehen ist. Dein Plan funktioniert möglicherweise schon gut, und auch dein Bemühen um Vergebung hat vielleicht einen ermutigenden Erfolg gezeigt, und dennoch mag es dir unmöglich erscheinen, deinem Schicksal und allen Menschen, die an der Entstehung deines Problems beteiligt gewesen sind, zu danken. Das braucht dich jedoch nicht niedergeschlagen zu machen; wenn du nur innehältst und dich fragst: «Kann ich dankbar sein?», hast du schon das Samenkorn der Dankbarkeit gesät. Das Grübeln über ein Leid leistet nur sich selbst Vorschub; je mehr du grübelst, desto stärker wird dein Hang dazu. Die Bemühung hingegen, dankbar für alles sein zu können, was du erleiden musstest, kann diesen Teufelskreis durchbrechen.

Um die innere Einstellung der Dankbarkeit zu erzeugen, braucht es zunächst Willenskraft. Du musst dich im Grunde genommen dazu zwingen, den Strom deiner Gefühle zu unterbrechen und in eine andere Richtung zu lenken. Das wäre dir anfangs undenkbar vorgekommen. Nun aber solltest du die innere Freiheit besitzen, deine negativen Gefühle in positive umzuwandeln. Du kannst dich selbst auf die Probe stellen, indem du dich mit der Frage konfrontierst: «Kann ich für diese Krise dankbar sein?» Wenn deine Antwort lautet: «Ja, ich bin dankbar», dann beweist du damit, dass du ein gewisses Maß an Herrschaft über eine emotionale Energie errungen hast: Du hast gelernt, sie zur Förderung einer positiven Einstellung zu nutzen. Die Krise war es, die dich herausgefordert hat, diese Kontrolle zu erlangen. Hilft dir das, Dankbarkeit für sie zu empfinden?

Wenn dir dieser Gedanke eher oberflächlich und nicht wesentlich erscheint, so wäre es ratsam, dass du deine Gefühle weiter erforschst, um zu prüfen, ob dort nicht irgendwo im Gestrüpp jenes alte Ungeheuer namens Rachgier lauert. Von außen betrachtet sind wir vielleicht sehr kultiviert und anständig, und es mag auch noch ziemlich weit hinter dieser Fassade viel davon stecken, aber ganz tief unten, jenseits all unserer guten Vorsätze, da müssen wir uns vor dem Ungeheuer in Acht nehmen. Es mag völlig lautlos verborgen sein, aber bei der nächsten Krisensituation dringt es hervor, um uns die Tatsache zu beweisen, dass das Gestrüpp zu gegebenem Anlass nicht ausreichend gelichtet worden ist. Rache mag harmlos scheinen, solange sie keine Gelegenheit findet zuzuschlagen. Daher geht es bei dem zehnten Schritt um mehr als um das Hervorbringen positiver Gefühle; es geht um die Ausrottung einer Pest.

11. Schritt

Freude spüren

In allem, was ich tue, steckt nun neue Energie.

Auf die Dunkelheit folgt der Tag; es könnte aber auch heißen: Auf eine schwere Zeit folgt eine leichte.

Also wirst du nun von einer gewissen Erleichterung erfüllt sein, nachdem du dich aus der Verstrickung in dein Problem gelöst hast, dessen Bewältigung sich so schwierig für dich gestaltete. Die Leichtigkeit, die du nun in deinem Herzen spürst, bedeutet jedoch weit mehr als bloße Euphorie oder unbändige Ausgelassenheit; sie zeigt auch keineswegs nur deine Rückkehr dorthin an, wo du gewesen bist, ehe die Krise über dich hereingebrochen ist. Vielmehr könnte sie ein Vorbote der Freude sein, jenes dritten Quells, den du neben dem Verzeihen und der Dankbarkeit in dir entdecken kannst.

Oft wünschen wir uns gegenseitig Freude an einem Erlebnis oder einer Unternehmung. **Wahre Freude ist nichts Passives**, sie ist keine Art von Befriedigung, die auf eine Anstrengung folgt, sondern eine zielgerichtete, von einem Gefühl der Wärme durchdrungene Willensanstrengung, die alles, was wir tun, zu begleiten vermag. Ein junger Mann, der sowohl an einer geistigen Behinderung als auch an Sklerose in fortgeschrittenem Stadium litt, sagte mir einmal: «Ich langweile mich nicht, weil ich an dem, was ich tue, Freude habe.» Alles, was er tat, erforderte ungeheure Anstrengung. Sich erfreuen ist also etwas Aktives wie etwa ermöglichen, erlassen, ermuntern, erweitern, erreichen und erkennen. Der Grund, warum es heute so wenig Freude auf der Welt gibt, ist, dass wir nicht merken, dass es an uns selbst liegt, diesen Antrieb in unserer Seele aufzuspüren, mit dem wir alles, was wir tun, besser machen können.

Mit den Schritten, die du bis jetzt zurückgelegt hast, solltest du schon ein ganzes Stück auf dem Weg zu deinen neuen Zielen und zu einem neuen Verständnis deiner selbst vorangekommen sein, und du hast dich auch darum bemüht, zu verzeihen und dankbar zu sein. Wird das Problem, das diesen Prozess in Gang gesetzt hat, nun in den Hintergrund treten? Es hat seine Aufgabe erfüllt, und du kannst der Zukunft nun mit mehr Zielgerichtetheit und mehr Tatkraft begegnen und wirst so auch den Weg zu größerer Freude finden. Im Begriff der Lebensfreude drückt sich die Verbindung der Freude mit dem Leben aus, und wie das Licht, so vermag auch die Freude überall dort einzudringen, wo sie nicht ausgesperrt wird. Du kannst Freude daran haben, über den Sinn des Lebens und all die ungelösten Rätsel deiner Existenz nachzudenken, und dann kannst du diese neue Energie in deinen Alltag einbringen, in die unendlich vielen kleinen Dinge, aus denen das Leben nun einmal besteht. Gemessen am Grad der Hingabe, mit der du etwas tust, vermag ein und dieselbe unliebsame und eintönige Pflicht entweder zur Plackerei oder aber zu einer Offenbarung geraten.

12. Schritt

Frieden schließen

Ich kann jetzt weitergehen.

In Frieden zu leben heißt, an erster Stelle Frieden mit sich selbst zu schließen.

Wenn du nicht mit dir selbst in Frieden lebst, kannst du weder Frieden mit anderen noch mit deinem Schicksal oder mit Gott finden. Wahrscheinlich werden dir deine Mitmenschen eher verzeihen, als dass du dir selbst verzeihst, und Gott ist ohnehin viel schneller bereit, uns zu vergeben, als wir denken. Es kostet schon Mühe genug, die Anforderungen, die andere an dich stellen, zu erfüllen, doch was du von dir selbst verlangst, das vermag deine Seele wie ein Peitschenhieb zu treffen. Die meisten von uns neigen dazu, streng gegen sich selbst zu sein. Wir wünschen uns zwar sehnlichst, geachtet und geliebt zu werden, doch wenn wir weder Achtung noch Liebe uns selbst gegenüber empfinden, wird die Achtung und Liebe, die uns andere entgegenbringen, nutzlos wie Wasser durch ein Sieb zerrinnen. Du magst deine Kontakte zu anderen klären und auch verbessern, aber du wirst keinen Frieden finden, wenn dein Kontakt zu dir selbst unterbrochen ist. Es mag alles Vertrauen der Welt in dich gesetzt werden, doch wenn du dich selbst ablehnst, wirst du unsicher bleiben. Du magst inständig um Gottes Hilfe flehen, doch wenn du zu wenig an dich selbst glaubst, wirst du den Weg seiner Gnade zu dir versperren.

Es ist nicht einfach, sich selbst anzunehmen, und es gibt auch kein Patentrezept dafür. Zuallererst einmal musst du dich selbst gut kennen. Darüber hinaus wird dir die Auseinandersetzung mit deinem Problem zu einer völlig neuen Erfahrung verhelfen, die dir anfangs unbedeutend erscheinen mag, in Wahrheit aber von elementarer Bedeutung für unser Handeln im Allgemeinen ist: Die Lösung deines Problems hilft dir, den Unterschied zwischen dem, was du wahrnimmst, und dir selbst als Wahrnehmendem zu erkennen. Zu deiner Wahrnehmung gehören alle für deine persönliche Situation maßgeblichen Fakten, deine Mitmenschen und deine Gefühle; all das ist Teil deiner Wahrnehmung, du selbst aber hast eine Existenz außerhalb dieser Erfahrungsbereiche. Du bist weder dein Schmerz noch deine Schwäche noch die Stimmung, in der du dich befindest. Indem du innere und äußere Gegebenheiten erfährst, wird dir bewusst, dass du eine Identität außerhalb von ihnen besitzt, und indem du dieses neue Bewusstsein durchdenkst, vermagst du dich selbst wiederzuerkennen. So kannst du dich deiner selbst vergewissern. Mit der Entdeckung deines wahren Ichs stellst du dich außerhalb des Aufruhrs, in dem deine Gefühle befangen sind, und alles, was auf dich einstürmt, beginnt, in weiter Ferne zu verschwinden. Du bist nicht mehr hilflos ausgeliefert, sondern spürst, wie sich die Stille deines wahren Ichs auszubreiten beginnt. Der Aufruhr deiner Gefühle legt sich, aus dem tosenden Sturzbach wird plötzlich ein ruhiger See, der den Himmel und die Landschaft ringsum spiegelt – ein ganzheitliches Bild, das nicht mehr in unzählige Facetten aufgesplittert ist. Diese Stille in dir wird Frieden schaffen. Dein kleines, bedrängtes Ich, das sich so müht, alles zu tun, was von ihm verlangt wird, und das sich dabei so grämt und so viel zu leiden hat, muss auch einmal – und sei es nur für einen kurzen Augenblick – von deinem großen Ich, das Frieden und Weisheit kennt, umarmt und umsorgt werden.

Wenn du diesen Frieden gefunden hast, kannst du deinen Weg fortsetzen. Du bist nicht im Kreis gegangen, denn du kehrst nicht zu deinem Ausgangspunkt zurück. Dein Weg bildet vielmehr eine Spirale, die nach innen führt und dich näher zu deinem Mittelpunkt bringt. Bei der Entfaltung der eigenen Persönlichkeit ermöglicht jeder Schritt nach innen auch einen Schritt nach außen, aber zuerst muss die Spirale nach innen führen. Eine andere Möglichkeit, Probleme lösen zu wollen, ist, sich zuerst nach außen zu wenden, indem man der Realität ausweicht, Ablenkung sucht, sich in Träume flüchtet, fieberhaft Aktivitäten entwickelt, Zuflucht im Alkohol sucht oder irgendein anderes Mittel findet, all dem zu entrinnen, was einen bedrängt. Wer möchte sich schon auf den Kern eines Problems konzentrieren, wenn es stattdessen die Möglichkeit gibt auszuweichen? Doch dann bleibt das zugrunde liegende Problem bestehen, es wächst vielleicht sogar in der Zwischenzeit und wartet auf seine nächste Gelegenheit, weil es nicht angenommen, erkannt, bewältigt und umgewandelt worden ist.

Dein spiralförmiger Weg hat dich nach innen geführt, durch dein Problem hindurch bis hin zum Mittelpunkt deiner selbst. Von dort kannst du weiter vorwärts gehen, denn du bist auf eine Quelle neuer Energie und neuer Hoffnung gestoßen.

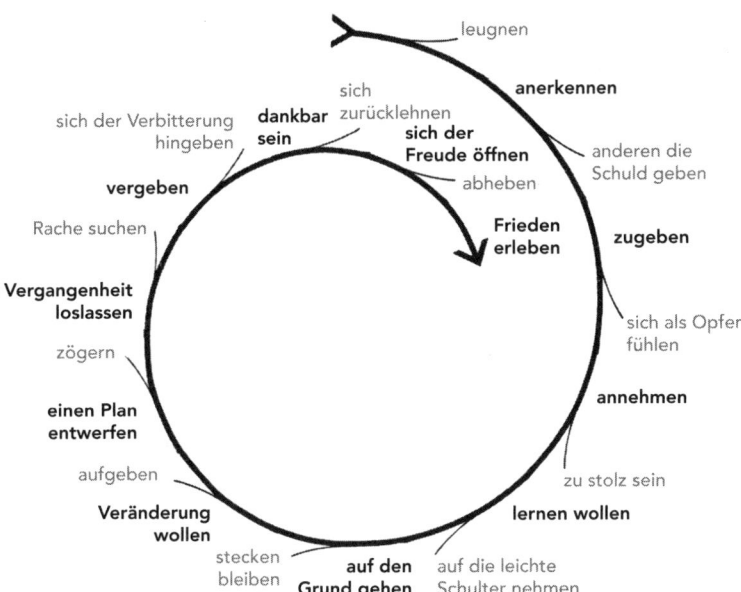

leugnen

anerkennen

sich der Verbitterung
hingeben

**dankbar
sein**

sich
zurücklehnen

**sich der
Freude öffnen**

anderen die
Schuld geben

vergeben

abheben

Rache suchen

**Frieden
erleben**

zugeben

**die Vergangenheit
loslassen**

sich als Opfer
fühlen

zögern

**einen Plan
entwerfen**

annehmen

aufgeben

zu stolz sein

**Veränderung
wollen**

lernen wollen

stecken
bleiben

**auf den
Grund gehen**

auf die leichte
Schulter nehmen

13.

Zugabe

Du wirst dich in Zukunft weiterentwickeln.

Wenn es dir gelungen ist, mit diesem Leitfaden an der Hand dein Problem zu meistern, so wirst du nun vielleicht auch in der Lage sein, zumindest mit einem Teil der unerledigten, in deinem Innern bohrenden und dich belastenden Geschäfte aus der Vergangenheit abzuschließen.

Davon hast du im Laufe deines Lebens schon einen ganzen Fundus angesammelt, wenn du verhängnisvolle Erfahrungen und Erlebnisse nicht zur rechten Zeit bewusst verarbeitet hast. Ein Vergleich aus dem Bereich der körperlichen Gesundheit mag die Notwendigkeit dazu veranschaulichen: Wenn der Körper eines Menschen frei von toxischen Substanzen ist, so werden bei ihm alle Wunden oder Infektionen rasch heilen. Genauso wird ein Mensch, der seine Probleme schon zum Zeitpunkt ihrer Entstehung löst, nicht mit einem Wust unvollständiger Erfahrungen leben müssen, die sich bei jeder neuen Krisensituation störend in den Vordergrund drängen.

Was aber ist mit all den kleinen Kümmernissen, die tagtäglich geschehen und für die eine so umfassende Bewältigung wie hier geschildert unangemessen wäre? Es ist ja nicht möglich, dass du dir jedes Ärgernis und jede Sorge in allen zwölf Teilaspekten bewusst machst, auch wenn dies im Einzelnen durchaus angebracht scheint. In solchen Fällen kannst du dich auf die ersten vier Schritte beschränken und überlässt es der Eigendynamik des einmal gemachten Anfangs, die Dinge weiter voranzutreiben. Wenn du eine Tasse zerbrochen hast, musst du ihre Überreste selbst aufheben und kannst nicht nach jemandem suchen, der das an deiner Stelle tut; doch während du die Scherben zusammenkehrst und in den Mülleimer wirfst, kannst du einen Moment lang innehalten, um zu sehen, was es aus diesem Missgeschick zu lernen gibt. Wenn dir etwas zu Boden fällt und du kannst es nirgends mehr entdecken, dann wirst du diesen Gegenstand sehr viel schneller finden, wenn du nicht in Rage über dich selbst und deine Ungeschicklichkeit gerätst. Und wenn du merkst, dass du jemanden im Gespräch unterbrochen hast, so beeil dich zu sagen: «Ach, ich habe Sie gerade unterbrochen, bitte entschuldigen Sie.» Oft besteht ein Problem nicht nur darin, was eigentlich geschehen ist, sondern auch darin, wie man sich hinterher selbst dafür schilt.

Manchmal mag es erforderlich sein, den Prozess der Bewältigung einer Krise oder eines Problems so lange aufzuschieben, bis man Zeit dafür hat. Sowohl Schauspieler als auch Piloten müssen lernen, dass sie bei einem Fehler nicht Halt machen dürfen, um herauszufinden, warum ihnen der Fehler unterlaufen ist. Das können sie später tun, vorerst einmal müssen sie unter allen Umständen ihre Aufgabe zu Ende bringen. Und sind wir nicht alle in gewisser Hinsicht entweder Schauspieler oder Piloten? Indem man sich in dem Zwölf-Punkte-Programm zum Umgang mit Krisensituationen übt, besteht berechtigte Aussicht darauf, dass deren Zahl in Zukunft abnehmen wird. Und wenn eine Krise entsteht, so kann sie bereits zu einem frühen Zeitpunkt erkannt werden und nicht erst dann, wenn sie sich schon zu voller Größe entwickelt hat. Im Idealfall sollten wir einer Krise immer einen Schritt voraus sein, um ihre weitere Entwicklung vorwegnehmen zu können und um sie in den Griff zu bekommen, bevor sie akut ist.

Der moderne Mensch ist in seiner Lebensweise und Umwelt einer Unmenge von Sinneseindrücken ausgesetzt, die auf ihn einströmen und ihm kaum noch Zeit lassen, über das, was er wahrnimmt, nachzudenken. Wir nehmen aber nicht nur das wahr, was uns von außen durch unsere Sinne übermittelt wird, sondern auch das, was uns durch unsere Empfindungen zu Bewusstsein kommt. Unser Denken stimmt jedoch selten mit unserer Wahrnehmung überein; was wir denken und was wir wahrnehmen ist oft zweierlei, denn unsere Begriffe stammen aus einer völlig anderen Welt. Die geistige Herausforderung unserer Zeit besteht darin, dass wir uns über diese andere Quelle und ihren Ursprung im Klaren werden. Das können wir nur durch unsere Fähigkeit zu denken. Die Beanspruchung der Empfindungsfähigkeit während einer Krisensituation steigert unsere Wahrnehmungsfähigkeit; denn wir müssen uns mit so vielen Dingen auseinander setzen, uns so viele Dinge bewusst machen und müssen so viele Daten speichern, dass unsere Möglichkeiten, das alles zu reflektieren, erschöpft sind.

Das hier beschriebene Zwölf-Punkte-Programm ist dazu bestimmt, dich in die Lage zu versetzen, nicht nur alle Einzelheiten deiner Wahrnehmung, sondern auch alle Gedanken und Gefühle in dir zu erfassen. Wenn du dir bewusst machst, was du wahrnimmst und was du in dir spürst, und wenn du dich ehrlich damit auseinander setzt, so öffnest du dir selbst die Chance, deine Wahrnehmung mit dem, was du denkst und fühlst, abzustimmen. Ein solcher Ausgleich macht dich frei.

Du wirst dich in Zukunft weiterentwickeln, und du wirst neuen Krisen und neuen Problemen begegnen, die dich in deinem persönlichen Wachstum unterstützen. Glaubst du, dass du dich ihnen nun eher stellen kannst?

Ich hoffe es.

Lebewohl.

Zitierte und weiterführende Literatur

Johann Gottlieb Fichte, Sämtliche Werke, Band 8, hrsg. von Immanuel Hermann Fichte, Leipzig, Mayer & Müller 1835-1844, S. 461 f. Nachdruck bei Walter de Gruyter.

Karl König, Über die menschliche Seele, Stuttgart, Verlag Freies Geistesleben [2]1988.

Bernard Lievegoed, Der Mensch an der Schwelle. Biografische Krisen und Entwicklungsmöglichkeiten, Stuttgart, Verlag Freies Geistesleben Taschenbuchausgabe 2002.

Rudolf Steiner, Theosophie. Einführung in übersinnliche Welterkenntnis und Menschenbestimmung (1904), Dornach, Rudolf Steiner Verlag [30]1978.

– Ein Weg zur Selbsterkenntnis des Menschen in acht Meditationen (1912), Dornach, Rudolf Steiner Verlag [7]1982.

– Vom Lebenslauf des Menschen. 12 Vorträge, ausgewählt und herausgegeben von Erhard Fucke (Rudolf Steiner, Themen aus dem Gesamtwerk Bd. 4), Stuttgart, Verlag Freies Geistesleben Neuausgabe (6. Auflage) 2006.

Rudolf Treichler, Die Entwicklung der Seele im Lebenslauf. Stufen, Störungen und Erkrankungen des Seelenlebens, Stuttgart, Verlag Freies Geistesleben Taschenbuchausgabe 2004.

falter | Wege der Seele – Bilder des Lebens

1 | **Einsamkeit**
Über die rechte Art von Gesellschaft
von Adam Bittleston

2 | **Vom Engel berührt**
Schicksalsbegebenheiten
erzählt von Dan Lindholm

3 | **Weihnachten**
Die drei Geburten des Menschen
von Georg Kühlewind

4 | **Lebenskrisen**
Zwölf Schritte zu ihrer Bewältigung
von Julian Sleigh

5 | **Meditation und Christus-Erfahrung**
Wege zur Verwandlung des eigenen Lebens
von Jörgen Smit

Verlag Freies Geistesleben
Bücher für den Wandel des Menschen

Verlag Freies Geistesleben
Bücher für den Wandel des Menschen

falter | Wege der Seele – Bilder des Lebens

Verlag Freies Geistesleben
Bücher für den Wandel des Menschen

Verlag Freies Geistesleben
Bücher für den Wandel des Menschen

Verlag Freies Geistesleben
Bücher für den Wandel des Menschen

Verlag Freies Geistesleben
Bücher für den Wandel des Menschen

Verlag Freies Geistesleben
Bücher für den Wandel des Menschen